跨学科视域下
编辑学研究

白秋 著

延吉·延边大学出版社

图书在版编目（CIP）数据

跨学科视域下编辑学研究 / 白秋著. -- 延吉 ： 延边大学出版社，2024．5. -- ISBN 978-7-230-06633-4

Ⅰ．G232

中国国家版本馆 CIP 数据核字第 2024EX6434 号

跨学科视域下编辑学研究

著　　者：白　秋

责任编辑：金倩倩

封面设计：文合文化

出版发行：延边大学出版社

社　　址：吉林省延吉市公园路 977 号　　　　邮　　编：133002

网　　址：http://www.ydcbs.com

E-mail：ydcbs@ydcbs.com

电　　话：0433-2732435　　　　　　　传　　真：0433-2732434

发行电话：0433-2733056

印　　刷：廊坊市广阳区九洲印刷厂

开　　本：787 mm×1092 mm　1/16

印　　张：9.75　　　　　　　　　　　字　　数：200 千字

版　　次：2024 年 5 月　第 1 版

印　　次：2024 年 6 月　第 1 次印刷

ISBN 978-7-230-06633-4

定　　价：78.00 元

前　言

编辑学是一门研究编辑基础理论、编辑活动规律及编辑实践管理的综合性学科。编辑活动是人类社会最普遍的文化活动之一。在人类社会中凡是有文化知识传播的地方，都离不开编辑活动。任何一门学问，任何一种学科，任何一类读物都有编辑活动。因此，编辑学是一门涉及面很广的综合性学科。

编辑学，作为一门研究编辑活动及其规律的学科，其历史可追溯到古代的文字记载和文献编纂。编辑学是出版学的一个分支，是具有综合性、边缘性和应用性学科，它研究各种不同学科的书籍的编辑工作，这项工作本身又包含各门科学编辑及文字编辑、技术编辑、地图编辑、美术编辑等。它运用各种学科的方法从不同角度研究编辑工作，而其研究对象又同多种学科的研究对象相交叉。从宏观看来，编辑学既具有深厚的理论性，又具有全面的应用性。这是由编辑学特定的研究内容所决定的。理论性和实践性构成了编辑学的丰富内涵，如果对编辑学丰富的内容缺乏深刻的认识，就会忽视编辑学的理论性及实践性。编辑学既要研究编辑工作的对象、性质、任务、类型、作用及编辑的基本规律；也要研究编辑工作的各种方法、程序，以及整个出版过程。因此，编辑学不应仅限于编辑过程的陈述或编辑工作经验的总结，而应在总结经验的基础上，上升到理论高度。

然而，在信息化、全球化的今天，编辑学的内涵和外延都发生了深刻的变化。传统的编辑学研究主要集中在文本编辑、出版流程等方面，或局限于本学科内部，较少涉及其他学科的理论与方法，这在一定程度上限制了编辑学的创新与发展。随着新媒体的兴起和数字化技术的广泛应用，编辑活动已经渗透到各个领域，包括数字出版、网络传播、社交媒体等。因此，从跨学科的视域下重新审视和探讨编辑学，对于拓宽编辑学的研究视野、深化编辑学的理论内涵、推动编辑学的实践应用具有重要意义。

本书提出在跨学科视域下进行编辑学研究，旨在打破学科壁垒，将编辑学与出版学、传播学、新闻学学科进行交叉融合。通过跨学科的研究方法，可以更全面地理解编辑活动的本质和规律，发现编辑学在各个领域的新应用和新发展。

本书共分为六章。第一章是编辑学概述，阐述了编辑学的产生条件、我国编辑学的发展史、编辑学的内涵和基本特征等。第二章阐述了编辑学的学科性质、体系、边界和建设新思路。第三章、第四章、第五章分别论述了编辑学与出版学、编辑学与传播学、编辑学与新闻学，分析跨学科视域下编辑学研究的必要性和可行性，探讨其他学科理论在编辑学研究中的应用价值。第六章论述了编辑学多学科性对编辑工作者的要求，提出编辑工作者应当具备跨学科、跨领域的知识和能力，提高内容质量，适应多样化需求，确保编辑工作的专业性和创新性。

本书在撰写的过程中，笔者参考和引用了一些学者关于编辑学研究的观点和相关资料，在此向这些学者表示衷心的感谢。由于时间和水平有限，本书难免存在不足之处，恳请广大读者批评指正。

目　录

第一章　编辑学概述

第一节　编辑学的产生条件

一、丰富的编辑实践活动为编辑学的建立提供了坚实的基础

　　中国是世界上文明发达最早的国家之一，历史文化典籍非常丰富，在西周到春秋的过渡时期，已有正式书籍诞生。在此之前，可考的大量文字记录，就是古人在甲骨上的刻辞，以及在青铜器上铸造的铭文。此后产生简策，据《尚书》记载："惟殷先人，有册有典。"简策即最初的历史档案。《尚书》中的《金縢》一篇，据传为周武王病重，周公向先王祷告，祈求保佑武王身体康复，自己情愿代死。史官把他的祝祷记录在简策上，存放于用金质绳子捆束的匣子里，后来，这篇记录依其外观而得名。甲骨、简策经编联后入藏，演变为书籍，后来便有了国家图书馆。相传老子曾任周室保管图书的官吏"柱下吏"；孔子晚年研习《周易》，阅读频繁；墨子说自己见过"百国春秋"，可知当时已编订了不少图书。再往后发展，有了卷轴形式的书籍，编辑成为人类古老的职业之一，甲骨、简策以及帛书，都是编辑选存编订后成书入藏。有书籍就有编辑，有编辑思想理论，有程度不同、形式不一的编辑事业。

我国的编辑工作萌芽很早，从孔子到后代学者，他们关于编辑工作的精辟见解可能写在序言、题记、例言、自序、凡例、释名、辨伪、答问、文论、诗话、校勘记、人物记中，这些都是编辑理论的宝贵财富，是从实践中积贮的编辑智慧。张元济、陆费逵、王云五、邹韬奋、叶圣陶等近现代编辑家、出版家，横跨传统与现代，在编辑事业上取得了巨大成功，形成了富有创造性的编辑思想，为编辑学理论的升华和发展提供了直接依据。

二、以书文化为代表的中国传统文化是编辑学建立的背景

编辑活动与文化发展密切相关，而且编辑本身也是一种文化活动，其不仅在积累文化，同时也在创造文化。编辑这一社会文化活动源于古代图书的编纂、集辑、收藏、校勘等活动，形成了独特的研究方法和学科，如目录学、文献学、文选学、辑佚学、考证学、辨伪学、校勘学、注释学等，积淀了重教化、重学术、重校勘、精编精印的具有民族特色的编辑传统和编辑思想。受尊崇并弘扬国学经典文化的影响，文献编辑往往有一种使命感和责任感，以传承文化为己任，以承续文明为职责，有"为天下出好书"的思想。图书是文化的载体，也是文明的象征，既在历史的变迁中不断增加新的价值，又有稳定的媒介结构形式。因此，积淀深厚的书文化能够孕育出"编辑学"，是理所当然的。

三、近现代报刊出版传播文化是编辑学的滥觞

由于社会生产力和商品经济的发展，社会对信息和知识的需求日益增长，作为新的传播媒体，报刊在西方社会有所发展。机械印刷的出现，大大提高了出版生产力。随后，书籍出版机构中出现了专职编辑人员，编辑活动有了常设机构和职业化分工，社会功能得到全面发挥。这一过程的实现，西方到19世

纪初叶完成，中国到 20 世纪初叶完成。1898 年，以康有为、梁启超为代表的维新派人士通过清德宗爱新觉罗·载湉进行资产阶级改良运动：倡导学习西方，提倡科学文化，改革政治、教育制度，发展农、工、商业等。其间，清德宗发布准许官民办报的诏书，进一步促进了各地报刊业的发展，形成中国历史上第一次办报高潮。随后，编辑业务水平不断提高，书刊形态得到改良。此外，1897 年创办的商务印书馆和 1912 年正式营业的中华书局，不仅培养了一批编辑家、出版家，而且在整理并传播我国的传统文化，宣传科学、民主等新思想、新知识方面，以及丰富出版物种类、提高编辑水平方面，都为编辑学在中国的发展注入了直接的学科活力。

四、新中国出版业的发展是编辑学的直接催生力量

中华人民共和国成立后，党和国家对新闻出版事业高度重视，制定了一系列的方针政策，为新闻出版业的发展指明了方向；建立了一套完整的编审制度，促使中国编辑工作走上了正规化的道路，使蓄积已久的精神文化生产力得以释放，使出版业得到很大发展。

1983 年 6 月 6 日，中共中央办公厅、国务院办公厅发布《关于加强出版工作的决定》，这是中华人民共和国成立以来，首次由党中央、国务院联合做出的关于出版工作的重要决定，成为新时期指导出版工作的纲领性文件。从该文件可知：编辑工作是整个出版工作的中心环节，是政治性、思想性、科学性、专业性很强的工作，同时也是艰苦、细致的创造性劳动。该文件还号召加强出版科研工作，激发了业界对编辑学的研究激情。特别是一些资深的理论家、编辑家、出版家走上出版行业的领导岗位，对编辑学研究给予了大力支持，他们身体力行地加入研究的行列，对编辑学的发展起到了推进作用。

20 世纪 70 年代末至 80 年代初，我国掀起了一股读书热潮，文化思想领域空前活跃，全民学习，极大促进了出版业的发展。我国书刊质量日益提高，产量逐年稳步增加。在这种社会文化环境下，人们对编辑活动和编辑的社会角色

进行深层思考是必然的。

编辑作为一种社会文化活动，与社会政治、经济、文化的发展息息相关。在社会全面进步、人们思想文化水平不断提高的当下，探索编辑活动规律，加强编辑学的学科建设，对社会意识形态的发展具有重要意义。

五、实践对理论的迫切需要是编辑学建立的现实动力

理论来源于实践，必须在实践中检验和发展，才能达到改造世界的根本目的。群众是实践的主体，也是使理论转化为物质力量的重要因素。理论只有为群众所掌握，才能转化成改造自然、改造社会的强大物质力量，使实践获得成功。实践是事物表现形式，而理论作为事物的本质，二者既相互联系，又有所区别。理论总是伴随着实践而产生，实践的丰富和深入又需要理论的规范，同时，这种对于实践和理论的期待和需求，也是某一学科诞生的内部驱动力，如编辑学。尽管早期的人们在漫长的编辑实践活动中，没有形成系统的编辑学，但他们也在不断地吸取教训、积累经验，供后人借鉴和学习；后人在有意或无意中运用前人的经验和理论，指导自己的编辑行为。实践与理论形影相随，实践的迫切需要呼唤理论的产生。有学者认为，一旦社会产生了对技术的需要，那么由这种需要推动科学进步会比由建立高校推动科学进步更有效。

1978 年以来，我国政治稳定、经济发展、文化繁荣、社会和谐，人民生活水平不断提高，对精神文化产品的需求日益增长，对编辑出版业提出了更高要求。只有在正确的理论指导下，编辑行业才会少走弯路，少受挫折，取得更大的成就。随着新一轮科技革命和产业变革的兴起，人工智能等新一代信息技术产业迅速崛起，出版行业飞速发展，新的媒体形式不断出现，人们的阅读方式趋于多元化，这对编辑活动产生了极大影响。如今的出版行业，面临着极大的机遇，也面对着不小的挑战，这需要相关理论的指导。有的研究者说："一方面，编辑学研究不断发展，另一方面，编辑出版领域存在的质量问题并未有极大的改观。正在研究的编辑学能否解决现实问题，是一件令人困惑的事。"还

有的研究者说："编辑学正在做关于编辑活动规律的研究，但是联系编辑出版活动的大量实际发现，更多的是经济效益问题。令人不禁发问：'除了经济效益问题之外，能否发掘其他的问题？'众所周知，学术著作出版难，平庸著作屡见不鲜，编辑出版活动中的热点话题此起彼伏，这与编辑出版活动中文化积累、文化发展、文化交流南辕北辙。像这样违背规律的现象，却很少有合理的说明。"

这些问题和质疑的声音都需要编辑学研究者给出科学的、合理的解释，更要求编辑学研究者以开放的视野，面向编辑活动实际和出版现实，不断向编辑学注入新的理论因子，使编辑学得以不断发展和完善。

第二节　我国编辑学的发展史

自人类社会出现文字和传播载体以来，编辑出版行为和活动就成为人类传递信息、传承文明不可或缺的重要手段。研究我国编辑学的发展史，对发展编辑学有重大意义。

一、我国古代编辑思想

我国古代编辑活动历史源远流长，积累了丰富的文化底蕴和宝贵经验，特别是许多杰出的编辑家提出的重要编辑思想，对今天的编辑工作仍有着深远影响。

我国古代第一个既有编辑思想，又有编辑实践的编辑家是孔子，他以"述而不作，信而好古"（《论语》）为编定"六经"的宗旨，在编撰经典的过程中遵循"多闻阙疑""子不语怪力乱神"（《论语》）的理念。随着社会的发展，继孔子之后又涌现出了许多杰出的编辑家，编辑思想也在不断革新、发展。例如，战国时期，荀子"兼儒墨，合名法"，形成了博大精深的思想体系；战国末期，百家争鸣渐归合流，形成博采百家的杂家。《汉书·艺文志》把杂家列为"九流"之一，其特点是"于百家之道无不贯综"。其代表著作是《吕氏春秋》，编辑原则兼收并蓄，博采众家之长。

西汉司马迁所著的《史记》开创了以本纪、表、书、世家、列传等不同角度、不同层次记述历史的体例。西汉刘向在校书时采用对校的方式，"刘向《别录》所谓：一人持本，一人读书。若怨家相对者，即此法也。"即一人读书，校其上下，得谬误，为校。一人持本，一人读书，若冤家相对，故为雠（雠，音同仇，意为校对文字）。可知，过去对不同本子的对校，是由两人进行的，一个人拿着书本，另一个人读，碰见异文就标出来，两人对面唱答，一点一画，不轻易放过。同时，这也是过去称校勘为"雠对""雠勘""雠校"的来历。东汉许慎在《说文解字》中按部首排列汉字，这一做法开创了后来字典、辞书编纂体例的先河。南朝萧统在《文选》中称编辑原则为"略其芜秽，集其清英"，编撰标准为"事出于沉思，义归于翰藻"。北齐颜之推在《颜氏家训》中表示："校定书籍，亦何容易，自扬雄、刘向，方称此职耳。观天下书未遍，不得妄下雌黄。或彼以为非，此以为是；或本同末异；或两文皆欠，不可偏信一隅也。"意思是考核订正书籍，是一件很不容易的事，从扬雄、刘向开始，他们才可谓是胜任这个工作了。天下的书籍没有看遍，就不能任意改动书籍上的文字。书籍上的文字，有时那个本子认为是错误的，这个本子又认为是正确的；有时，开头的本子是相同的，后来的本子却又出现分歧；有时，两个本子的同一处文字都不够妥当，因此不可以偏信一个方面。同时，颜之推还指出，做好编辑校勘的要义是熟悉文献，广征博引，精密细致。颜之推之孙颜师古特别重视图书校雠，在《汉书叙例》中指出："《汉书》旧文多有古字，解说之后屡经迁易，后人习读，以意刊改，传写既多，弥更浅俗。今则曲核古本，归其真正，一往难识者，皆从而释之。"尽力纠正当时解释经史的谬误和版本文字的差错。唐代刘知几所著《史通》阐述史书源流、体例、编撰方法、史家修养、著书得失等，以史学眼光看待经学著作，标志着中国史学进入了一个更高的自觉阶段，是史学思想发展和史学理论建设的新转折，对后世史学的发展产生了深远的影响。

宋代造纸业发达，雕版刻书业兴盛，图书编辑活动在这一时期进入全面发展的阶段。这一时期有编辑家开始对编辑实践活动进行总结。有学者认为，宋代郑樵的《通志·校雠略》是我国古代研究编辑工作的第一部专著。宋元之际的马端临在《文献通考》中创造了文、献、注三合一的编纂方法，开历史考证学之先河。明代末期著名藏书家、出版家、刻书家毛晋讲求刻书质量，注意校勘，其刻书版式划一，字体笔画和印书用纸基本统一，讲求形式美。清代在图书编辑事业方面的成绩是空前的，是我国古代编辑出版业的鼎盛时期。这一时期，涌现了一大批优秀的编辑校勘学家和出色的编辑校勘著作。例如，一代校勘学宗师顾广圻，在学术上贡献很大，他一生校勘 160 多部古籍。他在《思适斋书跋》的"题辞"中提出，校勘古书要做到"唯无自欺，亦无书欺。存其真面，以传来兹"。经他亲自校过的图书，都具有较高的学术价值。比如他校勘的李善注《文选》，具有划时代的意义，至今仍是学习和研究《文选》的重要版本。他的校勘方法简单地说就是"以不校校之"（《思适斋序跋》），此法被人称为"顾校"，今天仍见于我国大学的文献学教材。

从总体上讲，古代编辑思想主要体现在论述编著合一的属性、汇编排列的体例、编辑校勘的方法、文本版式的风格等基本问题上，并未上升到系统的理论，属于较浅层次的探讨。但是，古代丰富的编辑思想为近代编辑学的发展提供了充足的保障，也为现代编辑学的研究及实践提供了参考和借鉴。

二、我国近代编辑理论

1840 年到 1949 年，是中国近代编辑理论的初步探索时期。这一时期，科技的进步、西方文化思想的引入，以及政治格局、经济背景和社会环境引发了近代中国传播媒介的革命；同时，我国编辑从业形态从历史上的长期编著合一，开始转向著作者和编辑工作者分工界线清晰，编辑职能逐渐明确，编辑形成一种独立的社会职业。近代编辑理论也随着编辑实践的丰富而有所发展，主要表现在以下三个方面：

第一，编辑宗旨的确立。

第二，编辑从业规范的基本形成。

第三，编辑内容、形式的丰富。

伴随着 1860 年圆明园的一场大火，"天朝上国"的美梦逐渐破碎，人们在惊诧于列强坚船利炮的同时，"中学为体，西学为用""师夷长技以制夷"等学习西方先进科学技术的思想在朝野内外基本形成共识。爱新觉罗·奕䜣考虑到中国和外国"语言不通，文字难辨"，急需培养外语人才，因此要求设立同文馆。1862 年，同文馆正式成立，选拔 14 岁以下的八旗子弟进馆学习，后又扩招满族和汉族的学员。课程初设英、法、俄文，后增添算学、天文等。同文馆对于培养翻译人才和传播西学，起到了一定的作用。此外，民间知识分子译书活动也蓬勃展开，如梁启超建议："国家欲自强，以多译西书为本。"严复、林纾的译书活动在当时也极具影响。在晚清国门渐开、西学之风吹拂下，译书活动对近代中国思想文化的影响和科学技术的传播具有重要意义。近代知识分子的强烈诉求中，饱含着深厚的民族忧患意识和浓烈的政治改良热情，一大批爱国志士选择译书、编书、办报等来实现他们的爱国理想和抱负。彼时，救亡图存、民族自强，甚至开启民智，既成为编辑价值的体现，也是近代编辑家们共同的编辑目标和宗旨。

在学习西方科学技术的同时，西方的法权思想也逐渐为近代改良知识分子所接受，他们推动晚清政府采取了一系列的版权保护措施。1910 年，《大清著作权律》颁布，它是我国历史上第一部著作权法，在保留部分我国本土特色的同时，也间接反映了当时世界上西方先进国家著作权领域的立法水平，近代编辑活动逐渐被纳入法治文明范畴。在民间，梁启超、张元济、章太炎等人对编辑从业人员道德规范也均有强调。民国时期，各家出版社纷纷制定了一些约束编辑职业行为的制度性规范。

辛亥革命以后，近代资本主义工商业迅速发展，激发了人们对出版业的需求，促进了出版物类型的增多。除了报纸、杂志得到发展，教科书和各类工具书的编辑出版也开始兴盛。丰富的编辑内容、形式对推动近代编辑理论探索具有以下关键意义：

第一，直接或间接产生同业竞争，用竞争促进编辑行业的发展。

第二，对编辑环节提出更高要求，加快编辑行业技术规范和标准的制定。

第三，编辑实践更加注重根据读者的需要，优化编辑内容，并重视与读者、作者的互动。

尽管近代对编辑宗旨、编辑从业要求、编辑出版物形式、编辑技术规范等问题的探讨还不够深入，但不可否认，这已经是对编辑学的非常有益的探索。近代人们对编辑学的探索，有着鲜明的时代特点，这既是我国封建制度式微、民族资本主义发展的必然结果，又是我国具有悠久历史的编辑活动和编辑文明在中西方思潮碰撞下的积极回应。

三、我国现代编辑学理论体系

从科学发展的历程来看，一套完整、系统、高度概括的理论体系的构建不可能是空中楼阁，必定是随着实践和研究的深入，既在原有领域内不断探索，在新领域内进行分化，又与其他领域相互融合。编辑学理论体系的构建也正符合这种趋势，原因如下：

第一，我国编辑学理论体系是生成历史悠久的编辑活动和编辑文明的内生性产物。

第二，我国编辑学理论体系是依附于新闻传播学理论发展的外源性结果。

第三，编辑学理论体系的构建是一项系统工程，有赖于对编辑学本体深入研究。

（一）编辑学理论的依附

众所周知，编辑内容具有很强的传播属性，也正是这个特性，内容传播的表象常常掩盖了编辑的具体工作，传播学理论（尤其是新闻传播学理论）的形成与成熟往往先于编辑学理论。虽然从过程上来看，对内容的编辑应先于内容的传播，但是从学理上来看，编辑学理论的研究在很大程度上脱胎于新闻传播学理论，作为新闻传播学理论的一个分支研究呈现，编辑学理论是赖于"母体"的甘汁而繁衍出的"子体"。

1949 年，我国第一本以《编辑学》命名的专著在广州出版，为李次民所著。李次民先生早年负笈京沪，曾主持各大报刊，笔耕多年，后任广东国民大学新闻系教授。《编辑学》一书原是他给学生讲授新闻编辑课程的讲义。在此基础上，他研治群籍，将新闻学理论与报纸编辑经验融会贯通而成此专著。书中讲述新闻、新闻学等，从新闻编辑的角度展开对编辑理论的探讨。该书作为我国编辑学理论研究开始的标志，依附于新闻传播学理论的痕迹非常明显。

除了依附于新闻传播学理论的研究，由于苏联在政治、军事、科技、教育等领域对我国的影响较大，这一时期我国的编辑学研究者秉承镜鉴意识，希望通过研究苏联编辑学理论来实现本土编辑学理论的突破发展。

从中华人民共和国成立至中国共产党第十一届中央委员会第三次全体会议召开，我国经济、教育、科技、文化等社会各方面在曲折中不断前行。这一时期，由于特殊的历史原因，有关编辑学理论的研究较少，即使有部分浅显的编辑学理论研究，也尚未涉及对编辑学理论体系的探讨。

（二）编辑学理论体系的萌芽

1978 年 12 月，中国共产党第十一届中央委员会第三次全体会议提出了实行对内改革、对外开放的政策。从此，中国走向了改革开放时代。这一时期，在解放思想、实事求是的思想路线指引下，学界对编辑学理论的探讨热情高涨。至 20 世纪末，编辑学理论研究及学科建设方面迅速涌现出了一批成果，并呈现出以下几方面的特征：

1.政府官方决策引领

1983 年 6 月 6 日，中共中央办公厅、国务院办公厅发布的《关于加强出版工作的决定》是我国出版领域发展的里程碑，其中部分论述成为编辑学理论研究总的指导方针。1985 年，中宣部出版局副局长伍杰同志在《编辑之友》上刊文《关于建立编辑学的意见》，为调动编辑学人研究编辑学理论的积极性发出了强音。

2.社会各界相关团体主动参与

与官方的主导相呼应，这一时期，社会各界相关部门也自觉参与到编辑学理论及其体系的构建中。

第一，成立了编辑工作者的专门性社会团体，如 1979 年成立的中国出版工作者协会（现为中国出版协会）、1986 年成立的上海市编辑学会、1987 年成立的中国科学技术期刊编辑学会、1992 年成立的中国编辑学会，等等。它们既是编辑工作者建立的社会组织，也是编辑学科人才汇聚、探讨编辑学理论的重要学术团体。

第二，在全国范围内创办了一批专门研讨编辑学理论的社会性学术刊物，如创办于 1981 年的《编辑之友》、创办于 1984 年的《编辑学刊》、创办于 1989 年的《编辑学报》等。除这些专门刊物之外，还有一些高校学报也为编辑学理论研究开辟了专栏。这些刊物及专栏的创办，从客观上推动了编辑学理论及其体系构建的研究，同时，这些刊物及专栏也是编辑学人的学术研讨阵地。

第三，以出版社为代表的编辑出版部门的发展推动了对编辑学理论的研究。改革开放以后，传统的编辑出版部门面临市场经济的冲击，出现了诸如坚持经济效益还是社会效益等问题。为了应对改革开放后出版领域所面临的新问题，学界展开了诸多探讨，并提出了相应的解决办法。

第四，相关社会各界联合推动编辑学理论研究的发展。如 1987 年 12 月在郑州召开的全国编辑学学术讨论会，是首次以编辑学为主要研讨内容的全国性学术会议，来自全国各省、自治区、直辖市的出版社的编辑专家、编辑出版部门的研究人员、高等院校编辑专业的教学人员等60余人出席了会议，与编辑学相近或相关的社会各界人士将自身研究领域自发拓展到编辑学领域。

3.编辑学理论研究取得进展，成果形式丰富多样

编辑学理论研究专著有许多，既有侧重编辑学基本理论的著作，如朱文显、邓星盈的《编辑学概论》（1988），王振铎、司锡明的《编辑学通论》（1989），方集理的《编辑学基础》（1992），刘光裕、王华良的《编辑学理论研究》（1995），蒋广学的《编学原论》（1999）等；也有侧重编辑实务及应用理论的著作，如戴文葆的《编辑工作基础知识》（1988），杨牧之的《编辑艺术》（1990），孙树松、林人的《中国现代编辑学辞典》（1991），罗树宝、吕品的《编辑出版知识问答》（1988），赵航的《选题论》（1998）等。除许多理论研究专著之外，有众多研讨编辑学的专门刊物刊发了大量编辑学理论方面的研究论文，还有全国范围内的编辑学术团体召开各种编辑学理论研讨会的成果。

4.开启编辑学理论体系的构建

从研究思路上看，学界从关注编辑学的细节性和局部性问题，开始向系统论述我国编辑学理论的总体框架转变。从研究内容上看，除了对上述编辑学基本理论和编辑实务有较为深入的研究以外，学界对编辑学理论的研究逐步开展，出现了诸如编辑史学、内容编辑学、编辑心理学、编辑社会学等的探索，一系列的有关研究逐渐生成编辑学科链条体系。编辑史学方面的著作有许多，如韩仲民的《中国书籍编纂史稿》（1988）、靳青万的《中国古代编辑史论稿》（1992）、肖东发的《中国编辑出版史》（1996）等；内容编辑学方面的著作也有许多，如郑兴东等人的《报纸编辑学》（1982）、胡传焯的《科技期刊编辑学》（1990）、徐柏容的《杂志编辑学》（1991）等。此外，编辑心理学方面的著作较为丰富，如陶同的《编辑思维学》（1993）、薛鸿瀛的《编辑心理学》（1995）等；编辑社会学方面的著作也不少，如张如法的《编辑社会学》（1993）等。上述这些著作都是对编辑学理论研究不断拓展与深化的结果，它们推动了编辑学理论体系的构建。

总而言之，这一时期是编辑学理论研究快速成长的时期，但是并未进入编辑理论体系构建的成熟期。该时期对编辑规律及原理的研究较多，而对编辑理论体系中的逻辑概念研究很有限；不乏对历史上的编辑家的研究，然而缺少对编辑的准入条件、编辑的个人成长等编辑主体的研究。此外，这一时期的研究仍存在研究对象泛化、研究深度不达标、研究方法单一等问题。虽然这一时期有关编辑学理论体系的研究还不够深入，很多层面尚未涉及，但该时期承载了编辑学继往开来的希望，深远而持久地影响了编辑学理论的研究及其体系的构建，也正是基于这个意义，这一时期可以被称为我国编辑学理论体系的萌芽时期。

（三）编辑学理论体系的形成

进入 21 世纪以来，我国文化产业取得了长足发展，为人们提供了丰富的精神食粮，为推动社会主义文化繁荣兴盛做出了重要贡献。随着科技的发展，出版及传播的形式和手段日新月异，电子媒介（尤其是网络媒介）成为世界性传播媒介。面对这种形势，应不断调整编辑技术，不断创新编辑模式，推动编辑学的发展。时代的变化要求学界拥有一套具有较强解释力和预见力的编辑学理论体系，用于预测、解释和指导我国文化内容创新，以及出版产业管理中的编辑实践。为此，一大批编辑学理论工作者立足我国实际情况，做了大量研究，积极探索，推动了编辑学理论体系的研究进程。表现在以下两个方面：

1.开始形成编辑学理论的系统论著

编辑学发展至今，作为一门独立存在的学科，既是学界的基本共识，也是学界的长期呼吁。虽然学科的发展道路困难重重，但是编辑学理论研究者一直都在致力于编辑学理论深化、发展、提炼和升华，为使编辑学理论处于持续体系化的动态发展过程中而不断努力。系统化的理论成果是编辑学理论研究者的追求目标，也是彰显编辑学理论体系的重要内容。吴平、芦珊珊的《编辑学原理》，阙道隆的《编辑学理论纲要》是 21 世纪以来颇具影响力的两部著作。有学者表示，《编辑学理论纲要》的发表反映了我国编辑学研究 20 多年来的长足进步，填补了研究核心领域的空缺，具有里程碑的意义。也有学者认为，《编辑学理论纲要》集中阐述了此前众多学者对编辑学理论的观点和研究心得，堪称是一座理论大厦。还有学者表示，《编辑学理论纲要》对编辑学的产生和发展、研究对象和学科性质做出了明确规定，大大充实了编辑学学科的理论框架，还归纳出一定的概念系列，界定了编辑学的基本范畴，努力构成完整的理论体系，奠定了普通编辑学的基础。直至今天，《编辑学理论纲要》仍然是经典论著，在编辑学的发展史上占据着重要位置，也是编辑学理论工作者研究编辑学理论体系的重要参考依据。

2.编辑学理论体系范畴基本形成

随着编辑学理论研究的深入，以及社会出版和传播形式的变化，理论研究关注的焦点也在不断转移，对编辑学理论体系范畴的审视逐渐成为学界所关注的重点。一方面，要重新认识编辑的概念、内涵和外延。概念、内涵是编辑学理论研究的基础部分，外延是确立编辑学理论体系中所有对象的逻辑集合。众多学者从广义和狭义等不同角度阐述编辑的概念，并结合时代发展特点，阐述了其蕴含的时代内涵。另一方面，编辑学理论体系的总体架构逐步形成。编辑学理论体系的总体架构是界定编辑学理论研究对象范围的总和，21世纪以来，学界出版了很多有关编辑学理论框架、学科体系架构的论文和著作，涉及编辑基本理论、编辑史、编辑实务、编辑主体、研究方法等，还有大量相关的学术论文，散见于各专门学术刊物。除了论文和著作，以中国编辑学会为代表的学术团体还召开了各种与编辑学理论体系构建相关的主题研讨会。

总之，在一代代编辑学人艰苦卓绝的不断求索下，我国初步形成了较为完备的编辑学理论体系。值得注意的是，由中国编辑学会和北京印刷学院联合建立的中国编辑学研究中心于2016年9月成立，这一研究中心的成立也能够强化编辑学的理论研究，为促进编辑学理论体系的日臻完善助力。

在一代代编辑学人的不断努力下，我国编辑学理论研究取得了很多令人瞩目的成绩，编辑学理论体系也已逐步形成。如今，编辑学所依存的社会背景已发生了很大变化，在构建现代编辑学理论体系的过程中，一些新的问题和挑战相互交织并日益凸显。

全球科学技术的进展带来媒介传播的变革，如"互联网+"、大数据、数字出版、碎片阅读、云媒体、流媒体、媒介融合等新技术和新手段不断呈现，在一定程度上增加了编辑学发展的不确定性和无限延展性，给编辑学理论研究带来了新的要求。研究如何构建一个现代编辑学理论体系，以更好地满足社会发展的要求和挑战，在新时代具有现实意义。

在现代编辑学理论体系的构建中，不能一味强调编辑学的学科独立性，忽视甚至割裂编辑学与邻近学科的关系。反之，编辑学理论的发展需要更多地借鉴、充分地运用其他相关学科的理论知识和方法，如传播学、出版学、经济学、计算机科学等。

历经古代编辑家在编辑活动中编辑思想的沉淀、近代编辑学人对编辑理论的探索，以及众多编辑理论工作者对编辑学理论的丰富论述和研讨，才构筑起编辑学理论体系这座大厦的基础，这正符合历史及科学的发展规律。如今，应将构建具有新时代中国特色的现代编辑学理论体系摆在更为突出的重要位置，这关乎我国文化产业、出版产业的发展方向，是完善我国编辑学理论的内在要求，也是发展编辑学的客观要求。

第三节　编辑学的内涵和基本特征

一、编辑学的内涵

许多学者认为，编辑学起源于中国。据有关资料记载，1949 年在广州出版的李次民所著《编辑学》，是最早的以"编辑学"命名的专著。20 世纪 50 年代、60 年代，我国不同地区都有编辑学专著出版，但为数不多，影响也不大。

编辑学是一门专门研究、探讨编辑工作的基本原则、方法、途径和规律的科学，其从属于社会科学。

从实际工作出发探讨编辑学，其是研究编印书籍、期刊、报纸和画册等出版物，以及利用声音、图像等宣传手段的一门学问，特别重视选题、组稿、写作、审核、加工整理及美术设计等环节。因而，编辑学被认为是一门应用学科，主要是概述编辑过程诸环节的实施细则。

编辑学是出版学的一个分支，是具有综合性、边缘性和应用性的学科，它研究各种不同学科书籍的编辑工作，这项工作本身又包含各门学科编辑，及文字编辑、技术编辑、地图编辑、美术编辑等。它运用各种学科的方法，从不同角度研究同一对象，而其研究对象同多种学科的研究对象相交叉。对编辑工作进行理论研究是为生产图书、培训编辑人员而服务的。编辑学虽然也使用自然科学和技术科学的研究方法，但主要还是使用社会科学的研究方法。

从宏观来看，编辑学既具有深厚的理论性，又具有全面的实践性。这是由编辑学特定的研究内容决定的。忽视编辑学的理论性和实践性，是对其丰富内容缺乏深刻的认识。编辑学既要研究编辑工作的对象、性质、任务、类型、作用及编辑的基本规律，也要研究编辑工作的各种方法、程序和出版过程，理论性和实践性共同构成了编辑学的丰富内涵。此外，如果忽视编辑学理论的探讨，具体的编辑工作就得不到科学的指导，难以求得长足的发展。因此，编辑学不应局限于编辑过程的陈述，或编辑工作经验的总结，而应在总结经验的基础上，上升到理论高度。

编辑学还应着重研究各种出版物的编辑特征，从它的内涵看，有人认为编辑学是杂学。固然编辑工作涉及的门类繁多，各类编辑所使用的表现手段相异，其出版物亦千差万别，然而，编辑的理论与实践、基本的原则和道理，是共同的、相通的，都是必须仔细钻研的。编辑学是一门专业学科，具有综合性。这门专业学科，将其实践活动的内容日益丰富并发展起来，同时还会促进整个学术文化的发展，因为任何学科的研讨、传播和文化的积累都离不开编辑工作。

二、编辑学的基本特征

（一）编辑学是一门年轻的学科

编辑学与社会科学的其他学科相较，是一门新兴的学科，但是将它作为一门学科来提出、探讨、研究，也有半个多世纪的历史了。20 世纪 80 年代以后，我国的新闻出版界为了加强自身的理论建设，正式提出要创立具有中国特色的社会主义出版学和编辑学，并出版了一批编辑学专著。随着全国编辑学研究的兴起，1992 年，经新闻出版总署（今国家新闻出版署）和民政部批准，具有独立法人资格的全国性学术团体——中国编辑学会在北京宣告成立，这标志着社会对编辑学的认可。

（二）编辑学是一门独立的学科

"编辑学"一词最早出现于 20 世纪 40 年代末 50 年代初，此后也陆续出现了一些有关编辑学的书籍，但影响不大。我国正式提出创立编辑学并成立编辑学会，至今只有几十年的时间，这决定了编辑学既是年轻的，又是独立的学科。随着我国新闻出版事业的改革、发展，编辑队伍也日渐壮大，编辑学研究的成果也越来越多。

（三）编辑学是一门综合性很强的学科

由于编辑工作涉及的范围广、领域多，自然科学、社会科学、人文科学，无所不有。因此，编辑学作为研究、探讨编辑工作规律和方法的学科，其综合性很强。

按编辑学的基本框架结构，编辑学可分为编辑学史、理论编辑学、应用编辑学和编辑工程等部分。按编辑学的学科门类，编辑学可分为社会科学编辑学、自然科学编辑学、人文科学编辑学。按编辑学的部门和具体研究对象，编辑学可分为报纸编辑学、广播编辑学、电视编辑学、期刊编辑学、图书编辑学、音像编辑学、网络编辑学等。按编辑学与其他学科的交叉关系，编辑学可分为编辑管理学、编辑哲学、编辑史学、编辑文学、编辑心理学、编辑伦理学、编辑人才学、编辑教育学、编辑美学、编辑逻辑学、编辑经营学、编辑广告学、编辑创造学、编辑工艺学等。

以上内容均体现了编辑学的综合性。

（四）编辑学是一门实践性很强的学科

编辑学是一门实践性很强的学科，如果离开了蓬勃发展、丰富多彩的编辑活动，编辑学就无从谈起。编辑学要探讨、研究编辑工作的一般规律，还要探讨、研究编辑工作的特殊规律；不仅要回答理论问题，还要回答实践问题；不仅要回答历史问题，还要回答现实问题。编辑活动的现实实践是无穷无尽的，编辑学要回答和解决的现实问题也是无穷无尽的。例如，编辑工作的总的指导思想和指导方针，编辑工作的总体策划和运筹，编辑过程中各项编辑工作的原理、途径和方法，编辑部门的管理，编辑人员的培养、提高，以及编辑、作者、读者三者的关系等。

以上是从宏观的方面去看需解决的问题，如果稍微细化一下，编辑学要回答和解决的编辑活动中的实践问题就更多了。例如，上面提到的"编辑过程中各项编辑工作的原理、途径和方法"，又可分为编辑的市场调研、编辑的选题和组稿、编辑的加工和审稿等。

编辑学只有与丰富多彩的编辑实践结合起来，从实践中来，到实践中去，坚持走"实践—编辑—实践"的路线，不断地回答和解决实践中出现的矛盾和问题，不断地进行深层次的研究、探讨和理论上的总结、概括，才能逐渐建立起有中国特色的编辑学体系，使编辑学理论体系始终保持蓬勃的生机。

第四节　编辑学的研究对象、任务和方法

一、编辑学的研究对象

编辑学的研究对象主要有编辑活动的性质、任务及其实现手段、作用、规律等。

（一）编辑活动的性质

编辑活动是从事出版物生产的精神生产劳动。编辑劳动的产品与一般的工业、农业产品不同，不是为了满足物质生活和物质生产的需要，而是为了满足人们精神文化生活的需要，即增长人们的知识，提高人们的素质，从而提高劳动力再生产的质量。

编辑活动是出版活动的起点和中心环节，对于保证出版物的质量具有重大意义。因此，编辑学必须研究编辑活动的性质，以深刻了解它的本质。

（二）编辑活动的任务及其实现手段

从宏观角度来说，出版活动的任务主要就是编辑活动的任务；从微观角度来说，编辑活动承担策划选题、组织作者创作、审读作品以做出选择，以及对选定的已有作品进行加工整理等任务。

编辑学不仅要研究编辑活动所承担的任务，而且要研究用怎样的措施、怎样的方法来完成编辑活动的任务，尤其要研究作为编辑活动主体的编辑人才的知识结构、技能结构、成才规律等。

（三）编辑活动的作用

编辑活动同出版活动一样，既受制于社会的政治、经济、文化、科技等的

发展状况，又反过来影响社会的政治、经济、文化、科技等的发展。编辑学在研究社会如何制约编辑活动的同时，还要研究编辑活动对社会生活所起的作用。

此外，编辑学还要研究编辑活动在出版活动内部的作用，特别是它与复制活动、发行活动的作用。

（四）编辑活动的规律

编辑活动是随着历史条件的变化而不断演变的，不同历史时期、不同国家的编辑活动有不同的特点，但编辑活动的变化发展总是遵循着一定的规律。研究和把握编辑活动的规律，是编辑学的根本任务。

为了完成这个任务，需要深入研究编辑活动的历史与现状，并对不同国家、不同时期的编辑活动进行比较。

二、编辑学的研究任务

一个学科的创立，意味着它被社会所承认，有了被社会承认的需要，同时，它更担负着为社会提供服务的责任。这是学科的社会性使然。

宏观编辑理论，应着重研究编辑活动与社会政治、经济、文化、科技等的关系，把握编辑活动在文化生产、文化传播、文化积累等中的发展规律。微观编辑理论，应主要探讨具体的编辑活动的内在规律，揭示各个环节的内在联系和相互作用。

编辑学的研究任务主要有以下几点：

（一）加强编辑基础理论研究，建立编辑理论体系

加强编辑基础理论研究的目的是建立一个科学的编辑理论体系。体系是若干有关事物互相联系、互相制约而构成的一个整体。编辑理论体系是指编辑工作、编辑活动中已经系统化了的理论知识，具有系统性、全面性、逻辑性等特

征。编辑理论的产生和发展既由编辑实践决定，又有自身的相对独立性。编辑理论必须与编辑实践相结合，离开编辑实践的理论是空洞的理论。科学的编辑理论是在编辑出版社会实践的基础上产生，并经过社会实践检验和证明的理论，是编辑工作的本质、规律性的正确反映。

1.明确概念是基础理论研究的重要内容

概念是反映对象特有属性的思维形式。相关研究者可通过编辑实践，从编辑工作的许多属性中，抽出其特有属性进行概括，以形成编辑特定概念。编辑学概念的形成标志是研究者从感性认识上升到理性认识，由此可知，明确概念是编辑基础理论研究的重要内容。编辑概念与其他所有概念一样都有内涵和外延，内涵和外延是相互联系、相互制约的。编辑概念并非永恒不变的，它随着社会历史和人类认识的变化而变化。

2.建立并逐渐完善编辑理论体系

编辑活动的规律、性质、功能，以及编辑活动与社会经济、文化、科技发展的联系等，都是编辑基本理论的一部分。一门新兴的学科如果想发展成为成熟的学科，必须有一个具有普遍意义的理论体系。这个理论体系的基本原理、基本方法不仅需要包含已有的各个分支，而且还要对未来的分支学科也具有指导意义。正如传统图书多以纸质为载体材料，在网络成为文化传播重要渠道的今天，编辑理论体系依然有它的指导作用。编辑理论体系的探讨是编辑研究的重要内容，特别是现代传媒的迅速发展和编辑活动的演变，不断地为研究提出新问题。编辑理论应不断发展，方能不负时代赋予的重任。

编辑理论应该建立在丰富的实践基础上。有的研究者从编辑实践的具体问题出发，从研究编辑方法论开始，逐步积累，构建理论体系。例如，钱文霖先生在其所著的《科技编辑方法论研究导扬》中将编辑工作实践中的具体问题同其他学科的方法论相结合，提出科学的编辑工作方法论。这是一种有实用价值的理论，为编辑工作者解决编辑出版工作中的问题起到了一定的指导作用。但是，编辑理论不仅包括编辑方法论，还包括与之相关学科的基本理论体系。有的研究者从构建学科的基本概念体系、基本原理开始，搭建编辑理论研究框架，然后深入研究其他问题,并适当借鉴其他学科理论体系,使之逐渐丰满。

目前,编辑理论体系主要有以下三种类型:

(1)基本理论型

基本理论型,即建立广义编辑学或普通编辑学,包括编辑理论、编辑方法论和编辑原理等,以此作为各种编辑活动的理论依据,研究各类编辑活动中的共性问题,具有普遍的指导意义。

(2)理论实践型

理论实践型包括编辑理论、编辑史、编辑技术、编辑人才论、编辑工艺等。该类型的最大特点就是将理论与实践相结合,是一种具有普遍意义的编辑学科体系。

(3)应用理论型

应用理论型,即侧重于编辑应用理论研究,对编辑过程的总结、描述较多,比普通编辑学更重视对细节的探讨,具有较强的编辑实践性。但此方法容易流于经验总结类。

以上三种编辑理论体系各有千秋,基本框架都十分清晰。但建立并完善其中任何一种都不是一件容易之事,既需要理论的支撑,也需要实践经验的积累。研究编辑理论体系,不是人为地设置一个框架,其目的是进一步深入研究编辑理论与编辑实践,促进编辑理论走向成熟。

(二)明确编辑活动在整个社会文化系统中的作用

长期以来,许多人对编辑、编辑活动都不甚了解,认为编辑学是应用学科,并无艰深理论,往往抹杀了编辑在收集、审订,以及创造性加工中的作用,更没有看到编辑在文化传承、文化积累、文化创造中的重要功绩。事实上,编辑活动在整个社会文化系统中起着有序化、规范化、系统化及文化创新的作用。

如果编辑活动在社会文化系统中有序化、规范化、系统化的作用,可以通过出版物被社会认知,那么编辑活动在文化创新上所产生的作用,则需要通过深入分析编辑活动方可为读者、社会所认可。

编辑活动的目标十分明确，与其说是从文化继承的角度，选择编辑古典文化，不如说是本着发展当代文化的初衷，对传统文化进行新的诠释。当编辑发现某一选题并整理、加工、出版时，其工作必然联结着文化的保存与发展。文化创新是文化出版的必由之路，没有编辑文化创新活动，社会文化系统是残缺不全的。

编辑活动是文化创新的主力军。读者从小到大接受传统文化，其思想、行为往往受传统文化的影响。人类具有求新求异的本性，一方面接受它，另一方面又有深深的不满足感。因此，编辑和编辑活动是传统与现代的中介。编辑活动往往不断追求选题上的突破，始终在寻找年代久远的文化传统与当代人的生存环境、心理期待，以及浪漫情怀的契合处，有针对性地推出新的出版物，这种寻找传统与当代契合点的努力便是其介入文化创新事业的表征。就如同网络产生的条件和它的技术特性等因素，造成了人们对它的阅读期待将更多地偏向对新知识的追求，甚至是对奇闻逸事的追求，这种追求使编辑不仅着眼于以网络为主要内容的出版物，而且注意利用网络进行出版物的生产、加工及创造。人类的生活呈现什么状态，编辑就有反映这种状态的出版物。文化如此源源不断地延续下去，编辑及编辑活动生生不息地创造着崭新的文化。

（三）解决编辑活动中的现实问题

编辑理论对实践具有一定的指导意义，对编辑实践活动的发展有着重要影响，因此编辑理论应当解决编辑活动中的普遍性问题。例如，在现实编辑出版工作中，社会效益与经济效益相统一问题；出版部门如何处理长远目标与短期利益的关系问题；如何创造出版品牌、建立特色问题；编辑工作基本原则问题；编辑知识结构体系问题等。尽管编辑理论研究不能提供具体答案（实际上，编辑理论研究本身就不以提供答案为目的），但它可为解决某些问题提供基本原则、方法指导，从理论上阐明按照这些原则、方法解决问题的必要性、必然性和可行性。

此外，编辑理论研究应着重具体的编辑实务，指导实际的编辑活动。实际的编辑活动都是具体的、可触摸的、带有明显的操作性的活动。例如，从策划选题、编辑加工到校对，每一阶段应遵循哪些操作规范，通过怎样的方式与手段才可保证其质量；电子媒体出版物与纸质出版物有哪些区别，不同载体材料有哪些不同的特性；编辑加工的增、删、移、改的校对符号应当如何统一等。这些都可作为编辑理论研究的内容。

目前，已出版的编辑理论研究著作，多是将基础理论与应用技术分开进行研究的，除一般原理的阐释外，更多的篇幅用于应用性部分。现实的编辑实践给编辑理论提供了众多研究课题，无论何种研究模式都应力求理论与应用的统一，从而解决编辑活动中的现实问题。

（四）总结人类编辑活动的历史经验，推动社会精神生产能力的提高

学科的历史积累是其发展的基础，缺乏历史积累的学科必然缺乏发展底蕴，难以为继。人类的编辑活动历史悠久，经验丰富，总结编辑历史可为编辑理论研究提供丰厚的实践经验，为编辑理论发展提供广阔的空间。此外，编辑理论研究成果可为编辑活动发展提供依据，使编辑活动少走弯路，锐意创新。运用先进的编辑出版思想指导编辑出版实践，有助于推动出版产业健康而有序地发展，推动社会精神生产能力的提高。

总之，编辑理论研究即通过对编辑活动内外两方面、微观与宏观两部分的研究，揭示各个环节内在的联系和相互作用的关系，反映出编辑活动与社会文化、科技、传媒等的关系及其相互作用。

编辑学是一门实践性很强的专业，编辑理论是对编辑活动诸方面的研究及其理论上的总结，会对当代编辑活动的发展产生直接和具体的影响，为编辑实践活动提供有力的理论指导。

三、编辑学的研究方法

研究方法在很大程度上影响着编辑学的发展。编辑学研究的过程实质上是对编辑理论本质的认识和对编辑规律把握的活动过程。在这个过程中所运用的一切科学手段和思维技巧，即编辑学研究方法的总和。编辑学的研究方法主要有以下几种：

（一）逻辑归纳法

逻辑归纳法，即直接从编辑活动的实践经验出发，总结编辑工作的一般规律，归纳基本原理，提炼出现代编辑的基本特征及其编辑方法，帮助人们认识编辑工作的实质，最后通过演绎推导的形式去指导实践。这种方法直观、简洁，可以使研究者获得广泛而丰富的经验材料及规律，通常为大多数研究者所用。例如，孙培境先生在《试论现代校对学体系的若干板块》一文中，对校对学理论进行了探索，呈现出了现代校对学体系的轮廓，并对其中的若干板块有比较具体的认识，总结为"三个主体""两个客体""一个基本矛盾""一个总目标""两个基本方法""三个基本属性""四个社会角色""五大功能"等。

（二）借鉴移植法

借鉴移植法，就是借鉴别的学科的成功经验，引入其研究方法，用来探索编辑学的规律。例如，将传播学等学科的原理、方法应用于编辑理论研究中，分析编辑活动中带有普遍性的规律。借鉴移植法只有与编辑实践紧密结合才能取得实质性进展，可以为编辑学发展带来活力，促进学科形成新的生长点。同时，必须注意杜绝仅仅移植某一名称而忽略学科内涵的泛化现象。近些年来，人们运用借鉴移植法，将系统科学的原理和方法引用到编辑理论研究中，做了许多尝试，取得了一些成果。例如，有的学者表示："从某种意义上说，编辑工作就是从事信息的加工、处理、存贮、传递、传播工作。"其从信息科学的角度，采用文献资料、学科综述、分析预测等方法，探讨了编辑学所属学科方向的建设和发展工作。移植只是一种手段，最终目的是要借助相关学科的理论和方法，进一步揭示编辑学的本质，使编辑学形成科学的理论体系和方法体系。

（三）数学分析法

在编辑学研究中用数学分析法，引入量的概念，揭示构成编辑活动各要素的量的变化及其关系，有助于增强研究的科学性。例如，任定华、曹振中、周光达在《科技期刊编辑学导论》一书的撰写过程中，十分重视数学分析法在编辑学研究中的应用，把数学分析法应用于科技期刊编辑学的理论构建之中。这不仅极大丰富了科技期刊编辑学的研究内容，也为数学分析法在编辑理论研究中的应用进行了初步尝试。

这类研究对编辑学研究体系的创立、发展和完善进行了有意义的探索，推动了编辑学研究的深入，一方面充分展示了"百花齐放、百家争鸣"的学术态势；另一方面，在一定程度上反映了人们思维方式的区别及对编辑活动、编辑规律认识上的差异。

（四）比较方法

若想深入地理解编辑学，除了由表及里、由浅入深，步步深入地认识编辑活动的基本特征及运动规律，研究方法上的完善与创新也是一个不可忽视的因素。除上述三种方法之外，比较方法也是一种重要的编辑学研究方法。比较方法作为人类认识客观事物的基本方法之一，在自然科学和社会科学的诸多领域里得到成功应用。

比较方法是人们认识客观事物的基本形式，也是人们认识客观事物的重要方法之一。它是根据一定的标准，通过对不同事物或同一事物不同性质及运动的比较，认识事物的基本属性或运动规律的方法。在研究编辑学时，比较方法主要有以下两种类型：

1.纵向比较

编辑学研究中的纵向比较，侧重于编辑活动的历史过程，通过不同阶段的比较，找出编辑工作的一般规律。例如，中国古代书籍编辑活动与近现代书籍编辑活动中的共性与差异性比较、计划经济与社会主义市场经济体制下的编辑活动空间概念的区别、传统手工作坊式的编辑手段与"光与电"时代中的编辑技术各自产生的原因，等等。在纵向比较中，进一步诠释编辑活动的时代轨迹，深刻剖析编辑活动中生产力与生产关系对社会文化所产生的作用，有助于深化对编辑活动规律的认识。

2.横向比较

通常人们所说的横向比较，即在一类或几类具有共性的事物中寻找共同点与不同点，而且编辑理论研究中的横向比较方法具有同时性特点。例如，比较西方发达国家的编辑活动与中国等发展中国家的编辑活动，比较大陆的编辑出版活动与我国港澳台地区的编辑活动，比较我国不同省市的编辑出版活动特征，等等。甚至也可将其他学科的学术研究进展及成果同编辑理论与实践成果进行比较，观其形态，审其缘由，了解在同一时代编辑学与其他学科发展的异同点。这种研究方法有益于开阔视野，打开思路，避免研究中的主观主义。因此，横向比较在各国科学研究中都占有极其重要的位置。

（五）多种方法的综合运用

21世纪，科学发展越来越呈现出多学科交叉趋势，在研究手段上也趋于综合化。编辑学研究的是一种复杂的社会文化现象，其研究内容往往与其他学科交叉联系，互相渗透。仅从编辑过程而言，策划选题、组稿、审稿、加工处理、版式编排、校对……每一环节都有其内在的规律和特征。编辑学研究必然涉及诸如社会学、管理学、语言文字学、思维学、情报学、美学、逻辑学、计算机科学等领域。尽管编辑学与这些学科均有各自的理论体系和研究方法，具有各自的独立性，但在学科的基本概念及学科的内涵和外延上，往往是呈网状交织在一起的，存在着交接点，这种状况决定了编辑学研究方法的多样性。

编辑活动发展的历史是一个不断吸收相关学科营养以丰富自身，不断综合各种关系以发展自身的过程。编辑活动具有综合性，以及与相关学科边缘交叉的特点。编辑学研究以编辑活动为对象，在研究方法上也相应地体现出综合性，以及与相关学科边缘交叉的特征。因此，综合运用各种研究方法符合编辑学研究自身发展的要求。

编辑学研究是一个复杂的认识过程，需要综合运用各种研究方法。但是，在某一具体情况下，或研究某一具体问题时，研究方法有主次之分。没有一种研究方法是完美无缺的。虽然每一种方法只要运用正确，都能在研究中发挥一定作用，但是在不利或不适宜的环境中，各种研究方法都会暴露出其缺点。某种研究方法可能适用于研究某一问题，但不能用来研究另一个问题。此外，研究方法本身也会随着科学的发展而不断变化。所以，没有一种研究方法是万能的，在编辑学研究过程中，在不同的研究阶段，往往由于具体研究任务性质的差别而采用不同的研究方法。

编辑现象及其规律是复杂的、广泛联系的、多层次的、变化发展的。与此相对应，编辑学的研究方法也应该是一个相互联系的、相互依存的、多层次的开放系统。处于这个系统最高层次的是作为指导思想的哲学世界观和思维方式，处于中间层次的应该是具有一般科学方法论意义的跨学科方法，处于靠下层次的便是编辑学科的具体方法了。

第五节　编辑学和其他学科的基本关系

一、编辑学与哲学的基本关系

编辑学本身不属于哲学，却与哲学关系密切。

哲学，按其希腊语词源是"追寻智慧"的意思。在中文里，"哲"起源很早，"哲"或"哲人"，专指那些善于思辨、学问精深者，类似于西方的"哲学家""思想家"。哲学的定义一直存有争议,随着不同的时代对不同问题的兴趣而改变着。一般而言,人们都认同哲学是一种方法,而不是一套主张、命题或理论。哲学的研究是基于理性的思考,寻求能做出经过审视的假设且不跳脱信念,或者只是纯粹的类推。不同的哲学家对推理的本质有不同的想法。

哲学本质上是对世界基本和普遍的问题进行研究的学科,是关于世界观的理论体系。哲学的根本问题是思维和存在、精神和物质的关系问题。根据对这一根本问题的不同回答,形成了唯心主义哲学和唯物主义哲学两大派别。到了19世纪初,德国的古典哲学中出现了以格奥尔格·威廉·弗里德里希·黑格尔(Georg Wilhelm Friedrich Hegel,以下简称黑格尔)为代表的唯心辩证法,和以路德维希·安德列斯·费尔巴哈(Ludwig Andreas Feuerbach,以下简称费尔巴哈)为代表的形而上学唯物主义。后来,马克思和恩格斯吸收了黑格尔、费尔巴哈等人在哲学上的优秀成果,结合当代自然科学发展的新成就和无产阶级革命的实践经验,形成了崭新的以辩证唯物主义和历史唯物主义为核心内容的马克思主义哲学理论体系。

在20世纪的中国,马克思主义哲学理论体系被毛泽东和邓小平两位伟人进一步地继承和发展,并用以科学地指导我国的革命实践,取得了伟大成就。迄今为止,该哲学理论体系仍然是指导后人进行社会主义现代化建设的有效理论武器。

马克思主义哲学是科学的世界观和方法论,它揭示了自然界、人类社会和思维的一般的规律,是指导人们认识世界、改造世界的最有力的思想武器。历史唯物主义作为揭示人类社会发展一般规律的科学,是马克思主义哲学的重要组成部分,为人们提供了科学的社会历史观和认识、改造社会的一般方法论。学习马克思主义哲学,学习历史唯物主义,能够帮助我们更好地认识国情,更好地认识党和国家事业发展大势,更好地认识历史发展规律,从而更加能动地推进各项工作。

马克思主义哲学是辩证唯物主义和历史唯物主义,这是毋庸置疑的。在马克思和恩格斯的著作中,到处闪烁着辩证唯物主义和历史唯物主义哲学思想的光辉。马克思和恩格斯在自己的著作中始终坚持辩证法和唯物主义的统一、自然观与历史观的统一。无论在自然观还是历史观上，他们都反对形而上学和唯心主义。马克思主义哲学高度重视实践的作用，今人学习辩证唯物主义和历史唯物主义，要坚持世界的物质性，坚持物质第一性、意识第二性以及其他一些重要的基本原理。

马克思主义哲学对编辑学同样具有极其重要的指导意义，是编辑学人正确认识和总结编辑活动实践、研究编辑学、创立和发展编辑学科学理论体系、建设独立的编辑学学科的最为有效的思想武器。例如，在研究编辑史的源头时，要从编辑活动客观存在的实际情况出发，要认识到编辑活动在古今形态上的发展变化，而不能单纯地拿今天的某一类编辑活动的形态去套历史上所有的各种不同类别的编辑活动，看不到古今编辑活动的差异，从而导致某种错误的结论。再如，在考察和研究编辑主体时，应看到编辑主体并非孤立的，而是与多种事物互为联系的，并从中找出与之密不可分的编辑源体、编辑客体和编辑用体之间的整体性联系，从而将它们视为一个完整的编辑活动体系，并由此看到编辑与其他所有科学学科的密切关系。这样不仅拓展了编辑学的研究空间，而且充分、恰当而正确地揭示了编辑活动对于当今人类社会的重大意义等。

哲学对编辑学具有重要的指导性，这是毋庸置疑的。同时，哲学也离不开编辑学，这同样也是不可否认的。

编辑学是以编辑及编辑活动为研究对象，以揭示编辑及编辑活动的外部存在形态和内部客观规律为主要目的的理论性学科。编辑活动就是将人类精神文化创造活动中的原创型产品，加以收集鉴别、择优汰劣、加工改造、组合提高、规范定型等，使之成为适宜人们共同使用或传播的完善型产品的实践活动。由此可以看出，哲学对编辑活动的依赖，即哲学的理论成果是需要用文字来记录的，而这一过程需要编辑活动的参与。哲学是"人类精神文化创造活动"的一部分，它的"原创型成果"即思想、理论、学说等，都需要用文字记录下来，形成"论著"的原作（原稿）即"原创型产品"。这些原作形成以后，要进入编辑活动领域，经过编辑主体的收集鉴别、择优汰劣、加工改造、组合提高、规范定型等一系列的再优化措施，成为适宜人们共同使用、适宜传播流通的完善型产品。只有经过了这样一个过程，这些成果才能到达用体的手中，并传播下去。否则，它就只能停留在其原作者的手中，既不能被鉴选和优化，也不能得到广泛传播，甚至可能失去其应有的价值。由此可知，哲学像其他所有学科一样，也是离不开编辑活动的。

在一般情况下，负责在哲学编辑活动中进行编辑工作的编辑主体，必须由具有一定哲学水平的人来担任，不然就无法进行这项工作。如果编辑主体完全不了解哲学，那他很难对这些高水平的编辑客体做出恰当的鉴别和评价，更难以将其进一步加工和优化。

综上可知，编辑学与哲学的关系，是一种互为渗透、互相依赖的密不可分的关系。哲学需要编辑学，它本身不能代替编辑学；编辑学不是哲学，其本身离不开哲学。二者既互相独立，又不可分离；既互相渗透，又不能互相代替，各自具有不同的学科特性和学科内容，这些都是应当从基本原理上予以界定清楚的。由此也可看出，那种曾把编辑传播学划入哲学学科名下，不愿承认编辑学学科独立性的做法，是行不通的。

二、编辑学与自然科学的基本关系

自然科学是研究自然界的物质形态、结构、性质和运动规律的科学。它包括物理学、化学、生物学、天文学、地球科学等基础科学和医学、农学、气象学、材料学等应用科学，它是人类改造自然的实践经验即生产斗争经验的总结。它的发展取决于生产的发展。

自然科学可以分为两个主要分支，分别是物理科学和生命科学。生命科学也被称为生物学，而物理科学又细分为多个分支：物理学、化学、地球科学和天文学。作为经验科学，自然科学使用形式科学中的工具，如数学和逻辑学，将有关自然的信息转换为测量值，这些测量值可以解释为"自然法则"的明确陈述。

编辑学虽然不属于自然科学，却与自然科学有着十分密切的关系。无论是物理、化学等基础性学科，还是材料、能源、空间等应用性学科，都离不开编辑学。这是因为自然科学的研究成果包括思想、观点、理论、方法、学说等，都需要形成文字记录，都需要经过编辑活动进一步优化制作后再加以传播。

自然科学与文字符号的关系不必多说，许多事实就足以证明自然科学与编辑活动的密切关系。从进化论到相对论，从"日心说"到量子力学，这些自然科学史上的伟大科学成就无不经过报刊、广播、图书等的传播。至今，世界各国还将公开发表在世界三大权威科学杂志，即《自然》（Nature）、《科学》（Science）和《细胞》（Cell）上的科学论文数量，作为衡量一个国家和地区科学状况的重要依据之一，而这三大杂志无一不是编辑主体行为的产物。这恰好说明了编辑传播活动对自然科学的重要性。就中国来说，目前以出版专门的自然科学著作为己任的科技类出版社数量众多，而各种各样、分门别类的自然科学类报纸、杂志更达到了上千家。国内产生的各种自然科学论著，绝大多数都要经过这些出版社、报社、杂志社编辑的一系列加工优化制作程序，才能在社会和世界上的各个需要它们的地方进行传播。这再一次证明了自然科学离不开编辑活动。

在编辑活动中，编辑主体要对自然科学的各个学科领域、各个学术分支的科研成果，即"原创型产品"进行检验和把关，进行鉴别和选择，不能让那些不成熟的、水平不高的、质量低劣的、重复无益的产品，甚至是剽窃他人的、以假充真的伪科学等进入流通传播领域；要对那些虽有可取但不够完善、整体可观但有局部缺陷的作品成果进行加工改造、整理提高，使之完善；还需要针对这些原作写出审读报告，做出恰当的、科学的鉴审评价。这都需要编辑主体具备一定的自然科学学识和水平，同时，也说明了自然科学与编辑学之间的密切关系。

就编辑活动与自然科学活动的关系而言，编辑活动为自然科学活动提供服务，这是肯定的；而自然科学活动为编辑活动提供原创型产品的支持，这同样是肯定的。如果没有自然科学活动，那么这方面的编辑活动就必然会失去编辑客体（即原创型产品）的来源，成为无源之水、无本之木，失去了存在的前提。相反，自然科学技术活动愈大，那么该方面的原创成果也必然会愈多，该方面的编辑传播活动也就必然会愈活跃、愈繁荣，而编辑活动愈繁荣，其传播愈广，也就必然会反过来促进自然科学活动的发展壮大。

编辑学研究是编辑活动的一个重要组成部分，是更高层次上的编辑活动。自然科学方面的编辑活动既是编辑活动的重要方面或重要分支，也是编辑学研究的重要对象和编辑学理论中的重要内容。做好自然科学编辑活动的研究，建立科学、完整的自然科学编辑学理论，是编辑学理论体系建设中的一项重要任务。目前，关于自然科学编辑学的研究还很薄弱，还有许多的重要现象和问题等待阐释和回答，有许多的理论空白有待填补，这应当引起编辑学人的高度重视。

编辑学与自然科学中的各个学科之间是各自独立的，具有互相依赖，却又不能互相替代的关系。另外，自然科学技术的发展还可以为编辑活动和编辑学提供科学技术上的支持，而编辑活动和编辑学的进步又能够促进自然科学技术的发展。例如，编辑活动曾经促进了中国古代造纸术和印刷术的发明，而这两大发明又反过来在极大程度上推动了编辑活动的发展。再如，科学家要完成科学研究或创造发明，就必须学习和掌握必要的科学技术知识，阅读许多科学技术类书籍、报纸和杂志，而这些书籍、报纸和杂志，都是由编辑主体通过编辑活动制作出来的编辑客体。又如，包括科学家在内的所有科技工作人员，都要靠教育培养出来的，而教育必须使用教材，这些教材也恰恰是由编辑活动产生的编辑客体。

总之，编辑学与自然科学二者之间存在着既相互独立，又相互依存、相互促进的关系，这是客观事实。

三、编辑学与社会科学的基本关系

社会科学是用科学的方法，研究种种社会现象的各学科总体或其中任一学科。例如，社会学研究人类社会（主要是当代），政治学研究政治、政策和政治活动，经济学研究资源分配，等等。

社会科学包括经济学、政治学、法学、伦理学、历史学、社会学、心理学、教育学、管理学、人类学、民俗学、新闻学、传播学，考古学等学科。

心理学、人类学、考古学，是社会科学和自然科学交叉的学科。经济学、政治学、法学、社会学等学科是典型的狭义上的社会科学。而有些学科，如历史学，则是狭义的社会科学和人文学科的交叉，通常理解为人文学科。广义的社会科学则包含了人文学科。

社会科学同自然科学一样，有自己特定的功能。由于自然科学对于改造自然、发展生产力的作用是直接的、明显的、稳定的，人们总是用肯定的眼光来看待它。但是，对于社会科学的功能的看法却大相径庭。有人把社会科学看作文人空谈，可有可无；有人把它与社会宣传混为一谈，仅仅看作一种政治工具。如此种种，都是由于不明白社会科学的功能而导致的对其科学性的怀疑。人们对社会科学的种种误解是阻碍社会科学繁荣的一个重要原因，因此很有必要给予澄清。社会科学的各学科、各领域、各具体成果存在着一系列不同层次的局部的具体功能，这些具体功能中包含着一系列基本功能，就其最基本的功能来看，主要有以下两个方面：

第一，认识和参与功能。社会科学的研究成果揭示了社会本质、规律、趋势、结构、功能等各个方面，帮助人们认识、把握各类现象的过去、现在及未来，社会科学的这种能力就是它的认识功能。社会科学的认识功能主要包括解释能力与预测能力两个方面。社会科学可以帮助人们揭示已发生过的若干事实的奥秘，分析判断这些现象的本质，探索解决问题的方法。认识现实、追溯过去是为了把握未来，以便确定正确的行为方向及有效对策。社会科学可以帮助人们预测未来的发展趋势与特点，预测未来现象、事件、过程的发生、演化、后果等各种可能性。认识社会不是人的最终目的，认识的目的在于根据这种认识确定人们行为的目标及方式，以参与社会活动，这就是社会科学的参与功能。社会科学不断地提出新理论、新观念、新方法，这些新的东西势必会冲击人们的传统意识、传统观念、传统心理，促进人们新的思想观念的确立。新的思想观念一旦确立，就渗透到社会生活的各个方面，参与到社会各种物质生活及精神生活的各个领域之中。

第二，政治和管理功能。政治现象是社会现象的重要部分，社会科学中的政治学是以政治现象为直接研究对象的。社会科学的其他学科，如法学、社会学、历史学、经济学等，虽然不以政治现象为直接对象，但与它有某种直接或间接的关系，因此不同门类的社会科学都不同程度地表现出政治功能。社会科学的政治功能主要表现为其成果为政治家、政党、政权，以及社会的其他方面所吸收，不同阶级的社会科学工作者的成果，反映了不同阶级的利益，因此其政治作用表现出明显的阶级性。现代社会的政治在很大程度上表现为社会决策与管理。社会科学通过成果的形式帮助决策机关、管理机构进行选择、决定和评价等各种活动。当代社会所面临的问题极为复杂，做出正确的决策、实现科学的管理十分不易，只靠决策部门、管理部门的活动很难完成，这就需要社会科学展开各类研究，为政府提供选择方案，帮助其做出科学决策。随着社会的日益进步，社会问题将日趋复杂，社会科学直接参与社会管理的功能也必将日益重要。

编辑活动是一种社会活动，是文明社会的一个重要构成部分，故而它也是一种社会现象。编辑学是以编辑活动为研究对象的科学，其任务是研究并揭示编辑活动及其内部规律，毫无疑问，编辑学也属于社会科学的范畴。

编辑学与社会科学中的其他学科之间的关系如下：

第一，既然编辑学是社会科学中的学科之一，那么它与社会科学中的其他学科就是一种各自独立的兄弟学科的关系。社会科学中的其他学科，无疑都完全具备各自的独立性，具有独立的个性特征，具有自身的理论体系和学科内容，具有专门的研究范围和领域，也具有专属的研究和服务对象。因此，它们之间是不能够相互替代的，也难以分出大小关系、主次关系。编辑学同社会科学中的其他学科一样，是其他任何学科所不能替代和互相置换的。编辑学和其他学科一样处于平等的地位，不存在与其他学科相比更大或更小、更重要或更次要的问题。

第二，编辑学与社会科学中的其他学科之间既是独立存在的，又是相互依存、密切联系的。这种密切联系表现在：社会科学中的其他学科都需要依靠编辑学（或编辑活动）为它们提供编辑传播上的服务和支持，而编辑学（或编辑活动）又必须由社会科学中的其他学科来提供编辑客体；离开了编辑活动，社会科学中的其他学科便难以更好地发展；没有社会科学中的其他学科，编辑活动也必然成为无源之水、无本之木。编辑活动如果枯竭，编辑学也无法取得更好的发展。

第三，编辑学与社会科学中的其他学科之间是一种极为特殊的关系，即相互交融的关系。事实上，在编辑活动内部，编辑主体往往具有不同的专业素养。从事某种专业方面的编辑工作的编辑主体，不仅要懂得和掌握编辑学方面的专业知识，而且要具有一定的编辑对象专业方面的专业知识。这样，他才能去监审、评判、修改和面对这些来自专家的属于科研成果的书稿或文稿。此外，他还需要了解与之相关的学术动态，从而能够准确无误地鉴别和判断该文稿所达到的水平，判断这种水平目前在该学科领域中所处的位置。

第四，编辑学与社会科学中的其他学科之间，是一种相互促进的关系。社会科学研究和创作者与哲学、自然科学研究和创作者一样，都可以成为编辑活动中的编辑源体。根据编辑活动发展基本规律之一的"源体推进律"，编辑源体是推进编辑活动发展的基本力量。因此，社会科学的发展与繁荣可为编辑活动提供源源不断的稿件，从而推动编辑活动的发展。同时，社会科学研究和成果质量及水平的提高，也会带来原作质量和水平的提高，由此促使编辑客体质量与水平的提高。

编辑活动的发展，反过来又必将拉动或促进社会科学的发展与繁荣。若出版社、报社、杂志社等增多，作者发表作品的园地也就随之增加，这在一定程度上有助于社会科学研究和创作者积极性的高涨；相反，若作品没地方出版发表，或出版发表极其困难，那么社会科学研究和创作者的研究和创作成果难以传播，便会成为无效劳动，时间一长，社会科学研究和创作者自然也就不愿再去研究和创作。而编辑学研究，正是为了使编辑活动能够更好地发展。编辑学既是社会科学中的学科之一，又与社会科学中的其他学科有着辩证统一的关系。

总之，编辑学与哲学、自然科学、社会科学各学科之间的基本关系是既相互独立，又相互依赖、相互交融、相互促进的，这是与其他学科相比更罕有、更特殊的，充分说明编辑学具有十分独特而重要的地位。编辑学学科的建立，不仅对于编辑学学科本身，而且对于所有学科都有利。因此，应积极发展编辑学。

第二章 编辑学的学科性质、体系、边界和建设新思路

第一节 编辑学的学科性质和学科体系

一、编辑学的学科性质

（一）关于编辑学学科性质的讨论

编辑学作为一门独立学科在中国诞生之后，面临的一个基本问题就是它是一门什么样的学科，具有怎样的学科性质。对这一问题的回答，涉及学科的知识体系、研究方法，特别是编辑出版人才培养目标与人才培养方式等问题。近年来，关于编辑学学科性质的讨论，归纳起来有六种比较有代表性的观点。

1.“纯理论学科”说

“纯理论学科”说认为编辑学是一门具有学术意义与学术内涵，具有原则性、理论性、思想性的学问，绝不是日常种种编辑工作办事细则的大全。

2.“纯应用”说

“纯应用”说认为编辑学是一门技术科学，分为实体技术和智能技术，前者与文字记录技术等交叉，从人类在竹简上刻写、活字印刷、录音、录像到今

天的电脑照排系统等，都属这一范畴；后者则包括人们在书刊等精神产品生产过程中总结积累的经验、技能、知识和理论等。

3."理论加应用"说

"理论加应用"说，也被称为"编辑缔构"说，认为编辑学具有社会导向性、知识缔构性和工程实用性，是一门社会文化缔构工程科学，兼有社会学、文化学、工程学的一些特性，理论与应用并重。

4."理论为主，应用为辅"说

编辑学产生于编辑实践过程中，是编辑实践经验的理论表现，以理论性为主，兼有应用性的特点。

5."三结合"说

编辑理论、编辑技术、编辑历史三者有机结合构成统一完整的编辑学，这就是"三结合"说。

6."边缘学科"说

编辑学是与语言学、传播学和某门专业科学（如哲学、美学、数学、工程技术科学等）相关的边缘学科。

（二）对编辑学学科性质的认识

1.编辑学属于一门独特的人文社会科学

这种认识是从宏观的、整体的学科体系来看待编辑学的。编辑学有自己的研究对象、研究内容和学科内容，形成了独特的区别于其他学科的概念体系，是一门独特的学科。同时，各种编辑活动都是社会文化活动，参与文化产品的组织建构、选择、优化和创造过程，且要借助一定的媒介形式传播。传播本身是一种文化的消费，因此编辑活动始终具有思想性、导向性、知识性、学科性，编辑功用也是在社会文化领域中发挥效能的，编辑规律则反映出社会文化的变化规律与特点。

2.编辑学是一门应用性非常强的理论学科

理论性和应用性是编辑学的双重学科属性，理论性是其学科主架，应用性是其直接目的，这从它在我国的创立过程即可看出。在这里要明确以下三个要点：

第一，理论性与应用性，名为二，实为一，这一点从理论的产生和应用的来源即可看出。理论源于实践，应用必须有理论的指导。在分析学科性质时，不必将其理论性与应用性强作划分，或人为分拆，而要看到有的学科理论性强，有的学科应用性强，有的学科则两者所占比重相当。因此，要立足于学科本身，从学科实际出发予以把握。理论性与应用性相得益彰，正是编辑学的特质。理论性是编辑本质的反映，应用性是编辑功用的写照。

第二，是否拥有完整的理论体系是学科成熟与否的标志。编辑学的理论性表现为以编辑概念为核心，通过分析概念所代表的事物之间的联系与矛盾运动，揭示其内在的规律与运行逻辑，形成系统而具有普遍意义的原理。应用性是编辑学的生命活力之所在，人们把编辑活动作为一个具体的实践过程进行考察，进行理论的思辨，进行基础性的研究和微观的、不同层面的探讨，从而构建出符合其运行规律的框架，其活动的程序与规范一旦形成，就会反过来指导编辑实践，应用于编辑活动过程。

第三，编辑学是一门具有交叉性与复合性、时代性与动态性的综合性新兴学科。编辑学与许多学科都有联系，这些学科的发展均离不开编辑活动。由于编辑活动受社会变化、科技手段等各种因素的影响较大，其活动对象往往是最新的精神创造的初级成果。因此，编辑主体要具有超前性，必须面向新的编辑实践活动，不断总结新经验，探索新方法，吸纳新内容，提出新理论。

二、编辑学的学科体系

由于研究对象不同、学科定位有异，不同学者对编辑学的学科体系有不同的认识。

有的学者从学科定位与研究对象出发，认为编辑学由理论编辑学、应用编辑学和编辑史学三大模块组成。理论编辑学研究编辑规律，是对编辑活动历史和编辑业务等的抽象和概括；应用编辑学研究编辑活动的表现形式和活动技巧等；编辑史学研究编辑活动过程的整体规律，既把握具体的编辑业务规律，又探索理论层面的编辑规律。

也有学者从编辑活动中的矛盾运动出发，认为编辑学由主体论编辑学、客体论编辑学和过程论编辑学三大模块组成。主体论编辑学研究编辑主体及其活动规律；客体论编辑学研究编辑客体各要素，以及它们与编辑主体的协同作用规律；过程论编辑学研究编辑活动过程及其表现规律，以编辑行为中的组构、选择、优化、创造等关键词为中心。

编辑学的学科体系可以通过学科的理论形态表现出来，是一种学科化的知识体系。编辑学的学科体系，也像其他学科体系一样，要求从整体上把握该学科的基本理论、历史观、方法论，以及在各种具体的时空条件下不同媒体的编辑理念、历史经验与实际操作技能。因此，编辑学的体系通常由编辑学理论、编辑史、编辑实务应用技能和不同媒体的分支编辑学专业知识构成。其中，分支编辑学也被称为部门编辑学，如报纸编辑学、影视编辑学、期刊编辑学、图书编辑学。这几个组成部分相互联系、相互贯通，是编辑活动不同方面、不同层次的知识，缺失任一方面都不能构成完整的编辑学学科体系。

如果将整个编辑学的学科体系比作一棵树，那么编辑学理论就是它的树根，各种部门编辑学及其编辑活动的历史、媒介、文化成就则如它的树干、枝叶与花果。这几个方面相互依存，才是一个有生命力的体系。日本学者鹫尾贤也在其所著的《编辑力》中表示，编辑的文化内容创新、选题的精心策划、好奇的编书思路与永无止境的完美追求，才是编辑出版业内在的生产力或核心竞争力。这种编辑生产力，只有编辑学才甘愿专门研究并着力开发。其他的学科基本不会专门研究编辑活动这一独特的文化现象，也不以开掘编辑生产力为自身的主要任务。只有编辑学肯从文化内容的传播与交流方面，全力研究如何创造特定的文化媒介母本，推动作者与读者在其特殊的矛盾统一关系中，实现思想传播与文化交流的目标。因此，在编辑、作者与读者分别扮演文化主体的三种角色中，编辑成为关键的中间人。在诸多的社会关系中出现了一种特殊的关系，即以媒介为中心的作者、编辑与读者的社会人文关系，编辑活动也成为文化交流过程中的枢纽性工作。社会上一切思想潮流、学术渊源、文化变迁及其革新与发展等社会意识的流变，都与编辑活动有极大关系，编辑学学科体系这棵大树就深深扎根于这种社会人文关系之中。

为了深入研究编辑所面对的诸多复杂的社会人文关系及其特有的文化媒体形态的发展和变化规律，编辑学也逐步形成了自己的方法论，如理论研究的逻辑方法、史实研究的历史方法、业务实践的案例实证方法，以及博采信息、精心沟通的系统控制方法等。

尽管编辑学有自己相对独立的学科体系，但是这个体系不是孤立的，它往往与其他的学科体系连接起来，或横断、或并列、或交叉、或渗透，盘根错节，形成一个又一个互有差异的学科链，共同对社会发生作用。因此，编辑学的学科体系绝不是自我封闭的，而是开放的体系，是在人类文化交流过程中内在生发的，而不是外在传授的学科体系，是具有强大精神生产力和文化综合力的学科体系。

第二节　编辑学的学科边界

编辑学的学科边界是编辑学同其他学科接触的前沿，圈定了编辑学的研究场域。对编辑学的学科边界进行科学划分，是构建编辑学学科体系的一个重要环节。

事实上，编辑学的学科边界问题并非没有被提及，恰恰相反，这个问题始终贯穿编辑学理论的研究过程，因为编辑学的研究无法脱离它的研究对象。早期的编辑学研究，经过了一个漫长的学术探索过程，学者们从最基本的"编辑主体"和"编辑客体"入手，构建了编辑学理论——"编辑两体论"。在教学方面，早期的编辑学专业挂靠于新闻学、汉语言文学等一级学科之下，负责培养以文字工作为主的编辑从业人员，这时的编辑学研究被圈定在"编辑两体论"和文字编辑研究这个范围里。

编辑学理论研究目前正朝着多样化、创新化的模式发展，构建编辑学学科体系需要更多不同理论的充实。多方位、多层次地发掘编辑学内涵，从编辑学学科边界着手，由外向内深入地探究，或许能让编辑学研究取得新的收获。撰写本节内容的目的，是尽可能接近实际地界定编辑学学科边界，探寻编辑学学科边界发展变化的本质和内在规律。

一、编辑学学科边界的界定

作为编辑学学科体系的组成部分，编辑学学科边界的界定受编辑学理论研究水平的制约，同时又影响编辑学学科体系的完善。出于对学科自身的需要与其发展前景的考虑，编辑学的研究必将走上广义（普通）编辑学的道路，这个发展趋势毋庸置疑。那么，在这个大背景下，若想科学地确定编辑学的学科边界，使它不仅符合广义的标准，还能在学科泛化与狭化之间找到平衡点，可以采取以下方法：

首先，在编辑学理论和实践领域，编辑学的学科边界应该并且确实圈定了由"编辑五体"组成的一个完整的编辑活动。人们可以这样对编辑活动进行简要描述：编辑源体应编辑主体所请，或自发地创造出编辑客体，经编辑主体、编辑辅体的优化加工，再经编辑辅体传播与销售，最后编辑用体对编辑客体进行使用和反馈，这些环节组成了一个完整的编辑活动过程。"编辑五体"中的任何一体，都是编辑活动所不可或缺的，也是做编辑学整体性研究时所不可忽视的。"编辑五体"是编辑活动中客观存在的五个部分，它们共同组成了编辑活动，涵盖了编辑活动的所有环节，随编辑活动产生而产生（由于编辑活动各环节存在时间顺序,"编辑五体"并非同时产生),贯穿编辑活动的发展历程,符合圈定编辑学学科边界的原则和标准。

其次,在编辑技术领域,编辑学的学科范围更是复杂多变的:从编辑技术的对象上看,有符号、文字、图像、声音、计算机语言等;从编辑客体曾有和现有的载体上看,有兽骨、青铜、木简、莎草纸、泥板、竹帛、纸、磁带、光盘、芯片等;从辅助编辑的手段上看,有各种印刷技术、计算机编辑排版软件、网络技术等。尽管种类繁杂且日新月异,但那些客观存在的编辑技术是随着编辑活动的出现而产生,随着科技水平的提高而发展,随着编辑客体的变化而改进的。正是因为它们的不断创新,才拓展了编辑活动范围,推进了编辑发展历史。很明显,无论编辑技术如何变化,它总是承担着对人类精神文化产品进行加工、整理、优化以适宜传播的任务。因此,在技术这个领域,编辑学的学科边界圈定了所有对人类精神文化原创型产品进行加工、整理、优化以适宜传播的实际操作技术。

最后,在编辑史领域,编辑学的学科边界应该是以编辑活动产生至今的时间跨度来界定的,并且包含着"编辑五体"各自的发展历史。编辑活动是何时产生的呢?过去,有些学者认为编辑活动是在文字出现后产生的。笔者提出三个疑问:既然认定了有文字才有编辑,那么文字是如何经过整理优化产生的?文字产生之前的文化又是如何整理优化传播的呢?这些整理优化的过程浸透的不是实实在在的编辑活动,那又是什么呢?只要尊重事实、尊重历史,答案是显而易见的。

如何科学、严谨地追溯编辑史的源头,才能使广义编辑学在"史"这个领域拥有更丰富的内容,更广阔的边界呢?其实,编辑活动在远古时期便已产生,并极大地推动了古代文明的进步。靳青万先生在其所著的《中国古代编辑史论稿》一书中,采用溯因推理的方法,以符号文字编辑为主线,将编辑活动产生的时间向前推进了 6 000 年。此外,他还在《编辑五体研究》一书中,详细阐述了"编辑五体"各自的产生发展历史,并用大量的考古实物、文献资料论证了这些结论的正确性。"编辑五体"一方面促进人类文明的进步,另一方面又紧跟着时代的脚步不断发展,延续至今。无论是古代,还是现代,都从未中断,并发挥着越来越重要的作用,可以说,编辑活动自产生起,便同人类文明相互交融、相互影响。由此可见,从古至今,由"编辑五体"构成的编辑活动一直持续进行着,编辑历史也从未中断,这就是编辑学在编辑史领域的学科边界。

综上所述,编辑学的学科边界圈定的是一个内涵丰富、博大精深且前景远大的综合学科。编辑学的学科边界,正是由"编辑五体"组成的完整的编辑活动的所有理论、历史与技术的集合外缘。

二、编辑学学科边界划分蕴含的本质意义

前文中对编辑学学科边界的描述,仅仅是它呈现于外的现象,人们更应该深入挖掘,探索它蕴含的内部联系,寻找出隐藏在它背后并支配它的方面,即编辑学学科边界划分的本质意义。

编辑活动是一种客观存在的可以被人感知认识的对象,属于马克思主义哲学的物质范畴,它的存在决定了编辑学的理论成果。编辑学的所有理论成果都是人们对编辑活动这种客观存在的主观反映,属于马克思主义哲学的范畴。这些编辑学的理论成果会因为研究者的认识与实践的不同而产生差异,但无论它们正确或是错误,全面或是片面,都是对编辑活动的主观反映。正确的结论可以促进编辑活动更好地进行,错误的结论阻碍编辑活动的进行。这就是编辑活动与编辑学研究成果的辩证关系。

作为编辑学理论体系的一部分,编辑学学科边界划分的本质意义必然由编辑活动来决定。从编辑活动的两种状态,可以分析编辑学学科边界划分的本质意义。

(一)符合编辑活动实际——相对静止状态

编辑活动在一定时期内,是处于稳定的量变阶段,即相对静止状态的。这个状态下的编辑学学科边界划分也应符合编辑活动的实际,处于相对静止状

态。编辑学学科边界的研究成果是编辑学理论成果的一部分，同样也是编辑活动这个客观实际的主观反映。无论学界用广义或狭义的方式去研究它，或是用"两体"或"五体"的范围去界定它，它都必须符合编辑活动的实际情况。因此，在一定时期内，编辑活动的实际情况决定了这一时期编辑学学科边界的状态。例如：在雕版印刷术还未发明之前，印本还未出现，这一时期内的编辑主体的主体意识较弱；编辑客体虽在晋代就已经进入纸本时代，但抄本限制了它的传播；编辑源体更不可能创作出后世才有的元曲等；编辑主体因编辑客体限制，范围极小；编辑辅体这个群体还未出现雕版印刷等技术的操作者。如果在这个时期，有人研究编辑活动，那它的研究范围便是"编辑五体"当时的状况，编辑学的学科边界便受到编辑活动的制约，仅圈定上述内容了。这个例子证明了编辑活动决定了编辑学学科边界的界定，编辑学的学科边界必须符合编辑活动当时的实际情况。

总之，相对静止状态下的编辑活动，决定了编辑学学科边界划分必须符合编辑活动当时的实际。

（二）随编辑活动发展而变化——绝对运动状态

编辑活动从产生至今，在内部矛盾与外部联系双重作用下，处于一个绝对运动的状态。这个状态下的编辑学学科边界是随着编辑活动的变化而不断变化的。

编辑学学科边界的变化发展，与学者的认识并没有必然联系，编辑学的学科边界，在编辑学被提出之时就已经确定了，是随着编辑活动的发展而变化的，这是编辑学学科边界的绝对运动状态。对比编辑活动在不同时期的情况，有助于直观反映它的运动状态。由于电子计算机技术和网络技术的普及，当前的编辑活动发生了翻天覆地的改变，编辑学的学科边界也有了极大的拓展。也许在未来的某一个时期，人工智能技术发展成熟，智能机器人出现，它们根据不同条件的编辑用体，对数据库中的编辑客体进行选择、整理，提供相应的编辑辅体服务。那时编辑学的学科边界与今天将更加不同。

编辑活动因其对现代文明的重要作用，总是优先受到科学技术的支持，处于日新月异的变化中。编辑学在编辑活动的绝对运动状态下，其内涵、外延不断深化、拓展，编辑学的学科边界随之发生变化。因此，绝对运动状态下的编辑活动决定了编辑学学科边界必定随编辑活动的发展而变化。

综合编辑活动这两个状态下的编辑学学科边界的特点，可以得出结论：在本质上，编辑学的学科边界划分必须符合编辑活动的实际，且必定随着编辑活动的发展而变化。

三、编辑学学科边界划分带来的启示

（一）关于编辑学的学科定位与现实地位的差异

长期以来，"狭义编辑学"的理论基础限制了人们对编辑活动的理性认识，也导致了编辑学学科边界束缚在"编辑两体论"的窄小范围内，不利于编辑学学科体系的科学建构。如今，随着"广义编辑学"与"编辑五体论"的成熟，编辑学的学科边界划分向着符合编辑活动客观实际的方向发展，为编辑学的研究提供更广阔的空间与更美好的前景。但是，编辑学研究不断向更广更深的领域推进，也随之产生了一些新的问题，其自身的学科定位与现实地位不相符的矛盾已经凸显。

编辑学是一门被投入巨大精力并寄予厚望的学科，更是一门足以对社会文明产生影响的学科。编辑学的社会性、前沿性，决定了它对全人类的重要性。邵益文先生多次在报刊撰文倡议建立广义编辑学，认为广义编辑学应该是与新闻学、传播学、文学等学科并列的一级学科。这也是编辑学界所有学者的共同心声。

现实与期望是存在差异的，编辑学学科体系的构建还未成熟，人们对编辑学的普遍认知还停留在"写写新闻、改改稿子"的阶段，这样的现实状况还将持续很长一段时间。在目前专业合并的大趋势下，编辑学成为一级学科的目标在短期内是很难实现的。编辑学学科的定位问题还需学界、业界与国家教育部门共同解决。

前文在圈定编辑学学科边界之时已经阐述了这门学科的广博内涵，这些内涵决定了编辑学在高等教育中需要有与之匹配的学科地位，以便开办各种分支编辑学专业，更好地传授知识与培养人才。近年来，各分支编辑学研究硕果累累，不仅对过去有所继承发展，还紧跟时代步伐，对影视编辑、网络编辑等新生事物也有深入研究，更有编辑心理学、比较编辑学等许多新分支被提出。这些分支编辑学的研究成果，同样扩展了编辑学的学科范畴，拓宽了编辑学的学科边界，填补了编辑学学科边界研究的许多空白。但是，二级学科的现实地位使编辑学在课程设置与人才培养计划上捉襟见肘，编辑学学科定位与现实地位的差异事实上阻碍了编辑学研究团队的壮大与编辑学专业的办学。在这种情况下，编辑学的学科边界越广阔，其内部空白因人才、研究成果的匮乏便会越显眼，编辑学这门学科便会越显单薄贫弱。

（二）关于编辑学的泛化

关于编辑学的泛化，在学科边界划分上的体现，便是编辑学与相邻学科的边界模糊，与其他学科的边界交叉。

人类在建立与发展任何一门学科的过程中，都离不开编辑活动，这是无法否认的事实。编辑学不同于其他任何学科的一个最大的特殊之处，就在于它除了自身内部的学科规律之外，还与其他学科有着割不断的关系。尽管编辑学与众多学科都有交集，编辑工作与其他学科的专业工作产生了一些混淆，在事实上造成了编辑学与其他学科的边界跨越。但实际上，编辑学研究所涉猎的领域只是这些学科交叉边界中蕴含的小部分编辑学原理，及其作为"编辑 X 体"所产生的作用。编辑学的这一特性，是其客观存在的学科特性，并不是判断其泛化的理由。

在众多学科之中，与编辑学关系更密切的相邻学科，如新闻学、传播学、出版学等，各自学科领域都或多或少存在重合的现象，学科边界也较为模糊。

一门学科，没有自身固有的科学价值，是无法建立起来的。编辑学的研究是围绕着编辑活动展开的，蕴含于编辑活动中的原理、规律、矛盾等都体现了编辑学的科学价值。新闻学、传播学、出版学也有各自独特的科学价值与学科边界。因此，编辑学与相邻学科的边界虽然模糊，但确实存在，各分支编辑学的建立，并不会造成其他学科的损失，更不可能让编辑学泛化。

编辑学长期受重视程度不够，在其探索之路上刚取得一些成果，就出现一些批评它泛化的声音。越来越多的人提倡建立广义（普通）编辑学，研究编辑学的学科边界，并不是试图使这门新兴学科走上泛化的路子，而是为了更好地服务编辑活动，指导编辑工作，为人类文明的传承与发展做出编辑学人应有的贡献。

任何一门学科的体系构建，都是从核心、最重要的地方，即这门学科的核心理论开始入手的。我国的编辑学研究至今已有几十年的历史，从"编辑无学"到"编辑有学"，理论研究不断拓展深入。编辑学的研究在由简入繁、由低级到高级的过程中，总是会不可避免地出现分歧。但是，在众多学者的共同努力下，更加科学的"广义编辑学"取代"狭义编辑学"已经成为编辑学理论发展的必然趋势。发展的本质是新事物的产生与旧事物的消亡，是新事物代替旧事物的一个过程，更是曲折性与前进性的对立统一。编辑学的产生发展正是这样一个过程的具体展现。它作为具有旺盛生命力的新兴学科，必然拥有辉煌的未来。

第三节　编辑学的学科建设新思路

任何学科都应当符合学术界公认的学科评判标准，学科评判标准为学科建设的理论研究和实践探索提供参照依据和行动标杆。但标准并非是一成不变的，随着学科的发展，学科评判标准也在不断变化，学科建设与研究的目标和策略亦需做出相应调整。调整并不意味着必须对所依据的标准进行二元对立的简单取舍。经典标准可能存在容易僵化封闭、阻滞新兴学科发展的问题，但其追求体系化的学科架构优势不容轻忽；现代标准可能以其适应外需的优势表现出很强的活力，但也极易造成学科建设的短期行为与研究的碎片化偏颇。在更为宽广的学科发展视野中，经典标准与现代标准貌似互不相容，实则互为补充，需要以开放包容的姿态取长补短、优化整合，从而构成视域融合；若执其一端，会制造相应的视域界限，矮化、窄化、弱化学科建设与相关研究。

编辑学作为创生于我国的原生学科，近年来学科研究停滞不前、难以深入的事实引起了人们的反思。从学科评判标准视域考察编辑学的发展现状，不难发现，人们基本上是围绕经典标准的论述框架进行探讨的。因此，有必要以标准的视域融合为基点，确立更为开放自信的编辑学发展取向，探寻学科建设与研究的新思路。

一、目标定位

学科评判标准作为判断人类知识体系的某个分支或领域是否成为学科的基本参照，其经典标准包括内外二重，内在标准包括独特的研究对象、研究方法、理论体系；外在标准包括学科带头人与研究队伍、教育学术机构和出版物、社会实际需要，另外，现代标准则是对经典标准的范式转换，以遵循社会需求的外部逻辑为核心，强调外需驱动、问题导向、理论多元、多学科方法。经典标准以内在标准为核心统合内外标准，表明人们对科学知识分类的完美而严谨的理想追求；现代标准强调外在建制而放弃对内在标准的坚守，是人们在相关知识领域的发展还不够充分、完善的条件下的现实发展策略。经典标准和现代标准的共同之处在于通过知识领域学科化的社会建制追求，促进相关领域科学知识的发展。二者的统一，体现的是学科建设在目标定位上传统愿景与现实策略的有机融合。

在科学发展的现实环境中，资源分配和话语权诉求的实现以学科建制为基本参照。编辑学要获得支撑自身发展的足够资源与话语权，学科化是必然选择。以学科建设的现代标准和范式来建设和发展编辑学，是合乎现实的策略抉择，可以有效避免以往学科建设片面追求理论建设及体系完整、学科研究不接地气、理论与实践"两张皮"等不良倾向，引导人们更好地研究解决编辑出版行业发展中的实际问题，集聚资源，为有志于编辑理论研究和实践探索的人们提供一个职业和学术上的安身立命之所，吸引更多人才加盟，从而不断推动编辑学研究和编辑出版事业的持续发展。

基于现代标准的现实策略固然重要，基于经典标准的发展愿景也有其重要作用。科学知识的每个学科和分支领域都有将本学科、本领域严格按经典标准建成的梦想。从长远看，编辑学的发展确实需要这样一种传统愿景，在高于现实的价值层面引领人们。可能在相当长的一段时间内，编辑学都不能发展得如传统学科一样完善，甚至难以拥有自身独特的研究方法，但让研究对象更明确、让基本概念界定得更清晰、让研究方法更规范、让理论建构更严谨等，这些针对经典标准所作的调适要求，经过努力则是完全可以达到的。

二、研究导向

研究导向表达的是人们对科学研究所持的选择性倾向，导向决定了人们从何种价值立场来分析并处理问题。编辑学的研究导向存在内容维度的学科研究与问题研究、范式维度的人文研究与技术研究等，同一维度的研究导向各有其优劣利弊。从传统愿景与现实策略融合的目标定位出发，编辑学的发展必须避免在各种研究导向之间作简单取舍，要使各研究导向协同互补，共同促进学科的健康发展。

（一）学科研究与问题研究互补

在编辑学研究中，由于研究内容的来源不同，存在问题研究与学科研究两种导向。问题研究强调从编辑实践中寻找问题，依据实际需要研究解决问题；学科研究强调从学科的学理层面寻找问题，从基本概念和逻辑出发，开展研究，推演理论。问题研究和学科研究都具有独特的学术价值，问题研究对现实问题的解答有助于推动编辑出版行业的实践发展和处境改善，学科研究有助于抽象概念的演绎与理论建构；另外，问题研究和学科研究各有偏废，学科研究可能因热衷抽象思辨而过于注重学术包装，学科传统一经形成容易封闭自守，与实践脱节，问题研究则可能因复杂的现实世界所体现出来的动态性、多样性，导致碎片化研究和片面追求有用和效率的庸俗化风险。

编辑学研究中的问题与学科之分并不在于其先后主从的关系秩序，而在于求真务实的学术研究何以持续深入，因此比较理想且合乎需要的做法是二者相互渗透、相互支撑，共同进步。在问题研究中，现实问题必须经过一定学科体系的筛选、甄别，借由特定的学术语境规范表达，透过表象揭示事物的本质特征与内在联系，将研究成果提升到高于现实的学理层面，从而构成具有普遍推广意义的理论表述。在学科研究中，要强化基于编辑实践经验探索内在机理的问题意识，正视并研究解决编辑出版实践中存在的热点难点问题，并由此发展出理解和解决问题的概念和理论框架，将学科真正构筑在推进编辑出版行业发展的坚实基础之上。

（二）人文范式与技术范式互补

因选择的研究范式不同，编辑学研究中存在技术主义（或科学主义）和人文主义之分，即研究是基于效率至上的技术主义，还是以人的主体价值为核心的人文主义。前者重视基于假设检验的实证与量化研究，强调研究方法和工具的规范应用、研究程序的严谨到位、研究过程的有序可控、研究结论的准确可信；后者特别重视人的因素，认为人是最根本的因素，倾向于在研究中激发和调动人的积极主动性和创造性，重视基于纯粹理性思辨的理论构建、定性分析，强调思想性和理论性。

有研究表明，在以往的编辑学研究中，人文范式大行其道，迄今为止编辑学研究的几大理论流派都是遵循人文研究的路径。现实中很少有人进行严格规范的实证研究与量化研究，导致人们经常诟病理论研究脱离实际、实务研究无关痛痒、成果少人问津。但这并不意味着要对人文范式作简单颠覆，人们可以矫正和纠偏以往研究取向偏颇，积极运用技术范式，从而弥补原有的缺失。这是由编辑学的学科特性决定的，因为编辑学要通过研究人们的编辑实践活动来发现编辑规律，而编辑本身是一种创造性的精神劳动，考察编辑实践中人与人、人与社会之间的关系是非常重要且必不可少的。因此，协调并平衡技术主义与人文主义之争，强调实证量化的同时注重人的理性创造力的作用发挥，无疑是一种结果最优的导向选择。有学者认为，这一范式革命必将解决原有范式之困，成为编辑学研究的主流。

三、内容结构

在编辑学的发展过程中，构筑框架、探寻规律、构建体系一度成为热点和焦点。有的研究者对此进行反思，认为在编辑学本身还没确立起来的情况下，急于罗列分支学科，搭建学科体系，那么有限的理论内涵并不足以支撑庞大的框架体系架构，容易造成学科研究的泛化和重复建设。编辑学具有远比学科细分、体系建构更为丰富的层次和内涵，问题研究、理论研究、体系构建、元研究依次构成了编辑学研究从基础到顶层的有机整体。

第一层是基础层，即基于编辑出版行业各分支领域实践的问题研究。问题研究以其直接面对行业实践发问、求解并回馈指导实践的方式进行，属于学科最为基础，且最为鲜活的部分。问题研究要求研究者具有高度的问题敏感性，在人们司空见惯、习以为常的实务活动中捕捉具有深度发掘价值的话题，将日常经验归纳、提炼成值得研究的课题，然后分析、研究、解决问题，并进行实践验证。编辑学必须勇于面对编辑出版实践中的实质性问题，积极推进具有实践指导意义的课题，为行业发展排忧解难，对实践中出现的种种问题做出令人满意的回答。

第二层是理论研究，是基于问题研究成果的整合和提升。理论研究可以不直接回答现实中出现的种种问题，但并不等于完全脱离实践，而应从学理的层面对历史和现实的问题材料进行总结和提炼。基于各分支领域的行业实践问题，为理论研究提供肥沃土壤和强劲动力。可以说，问题研究开展得越丰富越深入，整合提升出来的理论成果就会更深刻、更完善。编辑学的理论发展有三个渠道：一是总结归纳。多年来，我国广大编辑工作者和研究者在坚持开展具有本土特质的编辑学实践探索和理论研究中，取得了大量探索性成果，许多优秀成果已经在实践中发挥了重要的指导作用。二是成果借鉴，包括借鉴他国与借鉴历史。一方面，国际上一些发达国家在编辑领域已经形成了相对优秀的成果，引入和借鉴这些成果，有助于推动我国编辑学理论的发展；另一方面，我国具有漫长的编辑发展史，许多杰出编辑家的成功经验代代相传，形成了厚重的传统底蕴，整理和研究前人智慧同样有助于编辑学理论研究。三是积极创新。要在强化各分支领域的问题研究与理论研究、夯实学科基本建设的基础上开展理论创新，探究编辑领域的发展规律。理论建设需要下一番功夫，从基础概念的界定做起，演化派生出一系列概念、命题和理论。

第三层是体系构建，是对理论成果的整合。编辑学发展过程中会形成许多概念、命题和理论，这些成果只有经过整合，形成严谨有序的体系，才具有整体效应，以及较好的解释力、指导力和预见力。理论体系构建需要确定学科概念、命题、理论的地位和功能，及其相互之间的逻辑关系，从而整合到一起，形成严密的知识体系。整合是一个去粗取精、去伪存真的复杂过程，主要工作包括有序化和综合化。有序化是指整理零散的、杂乱的理论表述。对于不同职业、立场、视角研究者的不同观点和表述，需要在准确把握内涵的基础上，找到不同见解之间的内在逻辑关系，刻画出编辑理论发展的知识谱系。综合化是指将分支领域的理论成果综合起来。编辑学从不同维度、层次可以细分出数量和种类繁多的分支领域，这些分支领域经过多年积累取得了较多理论成果。分支领域的理论成果与学科基本理论之间是个别与一般、特殊与普遍的关系，个别与特殊中蕴含着一般本质与普遍本质，需要综合不同分支领域的理论表达，发掘出其中具有普遍性的内容，从而整合并形成理论体系。

第四层是元研究，是基于已有研究的反思性研究。元研究以一种批判的态度审视编辑学的性质、结构及已经取得的各种研究成果，是一种更高层次、具有反思批判意义的对已有研究的再研究。编辑学的元研究包括对已有研究和元问题的研究，编辑学有着广阔的分支领域和丰富的研究内容，对具体研究成果的归纳、批判与反思，构成了元研究的基本内容构件。元问题是学科研究中的基本问题，包括基本概念、逻辑起点、学科性质及发展走向、研究方法、理论体系结构、学科结构等，构成了元研究的基本结构构件。元研究要求研究者创造性地对国内外相关研究成果进行批判反思和重新诠释，元研究的重大突破与创新往往能够为学科发展的成熟与完备奠定基础。

四、研究方法

通常，人们将科学研究方法分为方法论、研究方式、具体方法三个层次。方法论指引领研究的思想方法或思路；研究方式指贯穿研究过程的操作程序、方式与步骤，又称程序性方法；具体方法指研究中使用的具体工具、技术和手段等，又称工具性方法或技术性方法。

从整体上，多学科研究构成了编辑学的研究方法论，这是由编辑出版的行业特性与学科特性共同决定的。编辑作为知识和资讯生产、加工、传播价值链的中间环节，涉及所有行业和学科领域。一方面，编辑出版行业系统内部各部分之间时刻在发生相互作用，另一方面，行业系统同外部环境不停交换资源和信息，牵涉不同方面、层次、类型的关系与问题，需要人们从不同视角、用不同方法进行全方位考察，借以获得更全面、系统的描述与诠释。可以说，用多学科方法研究问题、解决问题是编辑学与生俱来的"遗传因子"。对不同学科理论观点与方法的运用有助于深入挖掘事物的不同方面，发现人们不曾重视或关注不到的方面，从而有效避免单一性和封闭性。

所谓多学科研究，即运用多个学科所能提供的理论、观点与方法开展研究。

开展编辑学的多学科研究需要处理好本学科与其他学科的关系，避免处理方法简单化、研究碎片化。笔者认为，有效的做法是坚持以编辑学为本，以其他学科理论方法为用，根据研究的实际需要选择适宜的理论和方法，不断挖掘并研究解决编辑实践中的实质性问题，以编辑话题为纽带，整合协调基于不同学科方法的研究成果，推动编辑理论与实践的发展。

多学科研究在研究方式和具体方法的选择上具有较大的开放性与包容性。需要注意的是，必须根据研究的实际需要匹配相应功能和特点的方式方法，充分利用多种方法的合理组合，实现功能互补，以方法的适切运用确保研究的信度和效度。数据资料的收集、分析和处理，可选用统计分析、文献追溯、数学模型、科学计量、表格图形、数据挖掘、图谱刻画等方法。程序性方法可以在经验总结、实验、观察、调查、理论研究、历史研究和比较研究等方法中选择一种或多种，不需在定量与定性、理论与实证等不同研究类型之间做出非此即彼的排斥性选择。

此外，多学科研究在组织形式上也表现出相当大的灵活性。一般而言，多学科研究鼓励不同学科背景的专家学者，乃至研究机构之间加强合作交流，或积聚力量，就同一问题或相近问题，从不同视角开展联合攻关；同时，多学科研究支持具备多元知识结构的研究者个体开展不同向度的自主研究。

第三章　编辑学与出版学

第一节　出版学概述

出版实践的不断发展，必然需要相应理论的指导，也必然推动有关理论的产生，并最终促使出版研究的兴起和出版学的形成。现有的出版学研究成果和学科建设成果，已经展现出它丰富的内涵，表明它有自己特有的研究对象、概念、原理和体系，已经成为一门独立的学科。

但是到目前为止，出版学还有待成为一门更成熟的学科。从学科的研究对象到学科的基本范畴、理论体系，还有待进一步深入研究和完善。

一、出版学的学科性质

目前，研究者们对于出版学究竟是一门什么性质的学科的认识尚不统一。比较有代表性的观点主要有以下三种：

一是认为出版学是一门交叉学科。例如，叶再生在《编辑出版学概论》一书中提出，编辑出版学是一门社会科学与自然科学相互渗透、相互结合的交叉科学。

二是认为出版学是一门综合性社会科学。例如，林穗芳先生在《明确"出版"概念，加强出版学研究》一文中指出，考虑到出版作为一种社会文化现象，涉及许多领域，出版学的研究对象包含多种成分，每种成分的结构又极其复杂，需要运用各种学科的理论和方法，从不同的角度进行综合研究。他倾向于把狭义的出版学（以书刊为主体，不包括报纸）看作思想、科学、文化传播领域自成体系的综合性社会科学。

三是认为出版学是一门综合性科学。例如，彭建炎在《出版学概论》一书中指出，出版学是一门既属于社会科学范畴，又属于技术科学和应用科学范畴的学科，是社会科学、技术科学和应用科学相互渗透、相互交叉，整体结合而成的一门综合性学科。

笔者认为，上述三种意见对出版学学科性质的理解并不十分准确。科学是反映自然、社会、思维等客观规律的分科的知识体系。其中，研究自然界各种事物和现象的科学是自然科学，而研究社会现象的科学则是社会科学。换言之，科学领域的学科划分，是由其研究对象的属性决定的，而不是由其他标准决定的。作为出版工作劳动对象的出版物，既含有社会科学知识，又含有自然科学知识，但不能因此将出版学看成自然科学与社会科学交叉结合而成的交叉科学。这是因为出版物中的知识内容，并不是出版学的研究对象，出版发行工作者要了解掌握出版物中的知识内容，目的是更好地解决出版物的商品供求矛盾，而不是运用书中的知识去改造社会与自然（出版类专业书刊除外）。

在研究出版学时需要运用许多其他学科的知识、研究方法和技术手段。例如，在研究出版选题决策时需要运用数学方法，在探讨读者购买行为时需要运用心理学知识等，但这些都只是服务于学科研究的工具，并不能决定学科性质。因此，不能因为出版学需要运用各种学科的理论和方法从不同的角度进行综合研究，便将其视为综合性学科。此外，出版学的学科性质是从知识体系的整体属性方面而言的，不能因为出版学的各分支学科具有不同的属性，就将出版学判定为一门综合性学科。

综上可知，出版学是研究出版活动及其发展规律的科学，其目的是向出版活动提供理论指导。出版学是行业之学、领域之学，其学科性质属于应用科学，不是基础科学。

出版学是一门年轻的学科，它充分重视对出版活动的经验概括，并不断将经验概括上升到理论的高度，从而发展和完善学科内容。

已有的学科建设经验表明，如果仅仅满足于概括出版活动的经验，无法弄清出版活动的发展规律，难以正确指导出版活动的发展；如果不顾出版活动实际，盲目照搬综合科学或其他行业之学的理论，追求没有实践基础的理论体系，会使出版学成为无用之学，同样不能正确指导出版活动的发展。这两种倾向都不利于出版学的学科建设，更不利于出版实践的发展。

二、出版学的研究对象

确定出版学的研究对象，需找出出版领域的特有矛盾，并在众多特有矛盾中，找出能够反映出版活动本质特征的主要矛盾。笔者认为，出版学的研究对象应是出版物的商品供求矛盾。具体理由如下：

（一）出版物的商品供求矛盾是出版领域特有的矛盾

这一理由是由出版领域的产品，即出版物的特性决定的。一方面，出版物是一种含有文化知识的商品，它的使用价值在于所含的知识信息能够满足人们的精神需求。表面上读者需要它，实际上读者需要的是出版物中所蕴含着的那些知识与信息。所以，出版物的供求矛盾不同于其他领域的商品供求矛盾，它反映的是文化知识的供应与社会对文化知识日益增长的需求之间的关系。另一方面，出版产业领域的出版物又具有一般商品的共性，如必须通过市场交换实现商品价值、在交换中必须遵守等价交换的原则等。因此，出版领域的出版物供求矛盾不同于图书馆、文化馆等工作领域的出版物供求矛盾，它是围绕出版物商品价值的实现而产生的矛盾，反映的是商品交换过程中的各种经济关系。

（二）出版物的商品供求矛盾是出版领域的主要矛盾

在出版领域所存在的众多特殊矛盾中，最基本的便是出版物的商品供求矛盾。这一矛盾的存在，影响与制约着出版领域其他矛盾的存在与发展。出版物的生产与流通的矛盾、出版物经济效益与社会效益的矛盾、出版物生产过程中精神生产和物质生产的矛盾、出版资源和产品结构的矛盾、流通过程中批发与零售的矛盾、物流和商流的矛盾等，都是由出版物商品供求矛盾的存在与发展决定的。

（三）出版物的商品供求矛盾是出版活动中各种经济关系的综合反映

在出版物市场上，出版业经营者售出商品，换取货币，读者支出货币，换取出版物。出版物商品供求矛盾所反映出的这种商品与货币之间的物物关系，实质上是不同商品所有者之间的经济关系。除此之外，出版物商品供求矛盾也是出版业内部经营者之间经济关系的集中反映。相对于消费者而言，出版业经营者共同构成"供"的一方，但在出版业内部，也同样存在着错综复杂的供求关系，作者与出版社之间、出版社与书店之间、批发商与零售商之间，以及国家、企业、职工之间所存在的各种经济关系等，都能通过出版物商品供求矛盾反映出来。由于出版物商品供求矛盾是出版活动中各种经济关系的综合反映，所以将这一矛盾作为出版学的研究对象，更容易把握出版活动的规律，实现出版学研究的目的。

综上可知，出版学是研究出版物商品供求矛盾的产生与发展规律的科学。由于出版物商品供求矛盾是出版领域所特有的矛盾，它能反映出版活动的本质特征；同时，出版物商品供求矛盾是出版领域的主要矛盾，它能反映出版活动的基本状况；出版物商品供求矛盾普遍存在于出版物生产的全过程之中，它能全面反映出版活动中的各种经济关系。因此，研究出版物商品供求矛盾产生与发展规律的过程，就是把握出版活动规律的过程。从这种意义上讲，出版学就是研究出版活动规律的科学。

应当指出的是，出版活动作为一种社会活动，并不是孤立地存在的，它与社会的经济、政治、文化等现象有着密切的关系。出版领域的基本矛盾，即出版物商品供求矛盾，与出版领域的其他矛盾及其他领域的各种矛盾相互联系、相互影响。因此，研究出版学不能"就事论事"，应从出版发行活动与人类社会生活的各个方面的联系中，把握出版物商品供求矛盾的发展变化规律，从而更科学地指导出版业的健康发展。

三、出版学的研究内容

出版学的研究内容是由出版学的研究对象决定的，是研究对象的分解与具体化。要想真正地认识事物，就必须把握、研究清楚它的一切方面、一切联系和"中介"，这一点很难完全地做到。但是，全面性这一要求可以防止人们犯错误和思维僵化。出版物商品供求矛盾的一切方面、一切联系和"中介"，就是出版学的研究内容。

从总体上讲，出版学的研究内容由基础研究与应用研究两部分组成。基础研究以揭示出版学研究对象的运动规律为基本任务，包括出版学学科基本理论研究、书刊生产流通基本规律研究、出版事业的组织与建设规律研究等。应用研究即探讨出版发行实践中各环节和各因素之间合理配合、科学运行的理想机制，并寻求能使理想机制得以实现的具体方法。应用研究的基本任务是运用从实践中归纳出来的理论，指导出版实践朝着科学化的方向发展。

在不同的时期，由于出版学研究对象性质的变化及其影响因素存在不同，其研究内容的侧重点也有所不同。现阶段，出版学应侧重以下几项内容的研究：

（一）出版学学科基本理论研究

研究出版学学科基本理论是对出版学知识体系的构成规律所进行的研究，如研究出版学的学科性质与特点，探讨出版学的研究目的、对象与内容，总结出版学理论产生与发展的背景和规律，考察出版学与其他学科的联系和区别，摸索出版学的研究方法，展望出版学的研究方向及发展趋势等。

（二）书刊生产流通基本规律研究

研究书刊生产流通基本规律是对出版物生产流通活动中各环节、各因素之间本质联系的研究，如研究产销平衡规律、投入产出规律、需求规律、出版活动经济效益与社会效益的关系及其处理原则、出版资源优化配置规律等。

（三）出版事业的组织与建设规律研究

研究出版事业的组织与建设规律是对全国或某个地区出版事业的组织管理问题展开宏观上的研究，如研究出版事业发展规模的合理性、出版管理体制的优化模式、出版活动的方针政策、发行网点建设规律、出版队伍建设等。

（四）出版物市场营销规律研究

研究出版物市场营销规律是对出版企业经营销售的规律性进行的研究，如研究图书市场购销机制的特点、书刊购销形式改革、市场策划与开发策略、读者类型与结构等。

（五）出版事业史的研究

研究出版事业史是对出版事业发展的历史轨迹及其规律性进行的研究，如研究各个历史时期出版业发展的特点，各个时期政治、经济、文化对出版活动产生的影响等。

（六）现代化的技术手段在出版活动中的应用研究

研究现代化的技术手段在出版活动中的应用，是对出版活动中运用先进技术的特点与规律性进行的研究，如研究电子出版技术的应用、出版发行信息网络建设、仓储管理自动化等。

四、出版学的研究方法

出版学的研究方法，包括课题选择方法、材料收集方法、综合论证方法等。这里仅介绍出版学研究的哲学方法与出版学的具体研究方法。

（一）出版学研究的哲学方法

马克思主义哲学是无产阶级关于世界观和方法论的科学，它在科学研究方面的重要价值，在于指导科学工作者以正确的世界观和科学的方法论去认识世界，认识事物，揭示事物发展的规律。由辩证唯物主义和历史唯物主义所构成的马克思主义哲学，是被实践证明了的正确的世界观和科学的方法论。很显然，坚持运用马克思主义哲学方法来观察分析问题，应该成为出版学研究哲学方法的唯一选择。

首先，坚持马克思主义哲学方法，要在出版学研究中坚持全面探讨问题。唯物辩证法认为，世界上一切事物都不是孤立存在的，它总是同周围其他事物相互联系、相互制约。因此，探讨出版活动的规律必须研究出版活动与周围其他现象之间密切联系、相互制约的关系，对出版活动中的任何一种现象，都必须进行全面分析，努力防止片面性。

其次，坚持马克思主义哲学方法，要在出版学科研中坚持"理论联系实际"的原则。唯物辩证法认为，理论的源泉是实践，实践是检验认识真理性的唯一标准。只有坚持"理论联系实际"的原则探讨问题，才能使出版学研究活动更好地促进出版事业的发展，才能使出版学得到更好的发展。贯彻"理论联系实际"的原则，要求出版科研选题要从实际需要出发，论证材料要扎扎实实地从实践中获取，形成的理论要有实用价值，要坚决反对那些脱离实践的学究式研究。

最后，坚持马克思主义哲学方法，要在出版学研究中坚持用发展的眼光看待问题。辩证唯物主义认为，任何事物都是不断发展变化的，而不是静止的、一成不变的。因此，坚持用发展的观点来探讨出版领域的各种规律，才能不断发现新情况、研究新问题、提出新见解，才能使出版科研活动始终处于朝气蓬勃的状态。

（二）出版学的具体研究方法

出版学的具体研究方法，主要指对课题进行综合论证的具体方法。出版科研课题的综合论证过程，是研究者根据收集到的关于反映认知对象情况的各种资料与信息，进行抽象思维与认知分析的过程。它的基本任务是完成认识上的飞跃，形成对研究对象的科学认识。在此，笔者简单介绍几种出版学的具体研究方法。

1.分析归纳法

分析归纳法，也称定性分析法，这是一种使感性认识上升为抽象的理性认识的常用逻辑方法。采用这种方法，首先要把整体分解成部分，把复杂事物分解成简单的要素，然后进行综合归纳，探求现象之间的因果关系，从而概括出一般结论。出版学研究中对诸如出版工作性质、出版功能、出版特征等问题的探讨，大多采用分析归纳法。

2.系统分析法

系统分析法是将认知对象置于系统中加以考察，从认知对象与系统内外的联系中分析、把握其发展变化规律的研究方法。系统分析法的完整过程一般要经过以下五个步骤：

第一步，确定问题。系统而合乎逻辑地叙述要研究的问题。

第二步，收集资料。围绕问题拟定大纲，并据以收集与此相关的信息。

第三步，构建模型。依据系统的性质和要求，建立各种模型。

第四步，分析判断。利用模型所获得的预测结果进行判断，得出结论。

第五步，确定方案。在定量分析的基础上进行定性分析，以确定最佳方案。

3.比较研究法

比较研究法是用认知事物与其参照事物进行对比，分析它们的异同点，并研究其形成原因，从而形成对认知对象的科学认识的研究方法。辩证唯物主义认为，事物发展的不平衡性是绝对的，而平衡性是相对的。通过比较研究，人们就能从不一致中发现一致的东西，从不同的现象中找出共同的规律。

运用比较研究法必须注意以下几点：

第一，比较是有条件的，离开条件就不存在异与同，也就无法进行比较。

第二，比较要有明确的标准，要保证认知事物与参照事物在现象的数值方面具有可比性。

第三，比较要抓住重点，但要克服片面性。

4.定量分析法

定量分析法是用数学的概念和方式对认知对象的质的特点进行量化分析，以形成对认知对象的科学认识的研究方法。任何科学研究仅有定性分析，也就是仅有质的描述是不完善的，还必须进行定量分析，即量的描述。出版学研究也是如此。

运用定量分析法研究出版学领域的有关问题，一般要经历如下几个步骤：

第一步，用数学语言表达要研究的问题，确定几个基本的量及其关系，建立数学模型。

第二步，将收集到的现象参数代入模型，进行计算，求出问题的解。

第三步，对解做出解释和评价，形成对问题的判断。

应当指出的是，出版学的几类研究方法，以及每类方法中的几种研究要素，彼此之间是互相联系、不可分割的。例如，不通过调查、统计、观察，就无法进行比较研究与定量分析，定量分析的结果需通过定性分析来修正，探讨一个问题时需要同时采用多种方法，等等。因此，在出版学的研究实践中，应当灵活运用上述各种研究方法，并积极探索出适合自身的新的研究方法。

五、编辑学与出版学的关系

出版活动和编辑活动在国内外都有着悠久的历史，二者对人类文明的发展起着重要的建设、推广、传承等作用。由于出版活动和编辑活动本身就是协同共生、相互关联的生产活动，所以两个学科从创立之始，就存在着关于二者之间关系的争论。目前，大致存在四种观点：

第一种观点认为，出版学涵盖编辑学，编辑学是出版学的分支。

第二种观点认为，编辑是出版活动的核心，编辑学应该延及或引导出版学。

第三种观点认为，编辑学和出版学是既有区别、又紧密联系的相互独立的学科，二者互不隶属。

第四种观点认为，编辑学等同于出版学，二者无实质差异，只是名称不同。

与国外偏重研究出版学的情况不同，我国明确地将出版学研究和编辑学研究并举，所以关于出版学和编辑学关系的争论可以看作中国编辑出版理论界的特色问题。正是由于这一特殊情况，学界关于二者关系的归纳总结一直不曾断绝。本节除了用横向总结的方式对编辑学和出版学的关系进行分析之外，还将用纵向发展的眼光来梳理编辑学和出版学关系研究的历史。

关于研究编辑学和出版学关系的发展过程的文献比较有限，比较有代表性的是王波、王锦贵在《论编辑学是出版学的分支》一文中的观点。王波、王锦贵认为，关于编辑学和出版学关系的争论经历了三个演化升级的阶段：

第一阶段，出版学、编辑学创建且并行发展，"出版学包含编辑学"的观点成为一般共识的阶段，时间为1983年—1988年。

第二阶段，编辑学谋求独立，向出版学挑战的阶段，时间为1989年—1994年。

第三阶段，出版学和编辑学关系的讨论成为热点话题的阶段，时间为1995年至今。

对于上述演变时期的划分，笔者认为，王波、王锦贵是鲜明的"出版学包含编辑学"观点的支持者，所以从他们的研究成果来看，出版学和编辑学的关系经历了三个阶段，并认为由于编辑学的发展壮大，才使出版学与编辑学的关系有了讨论的可能。但是这样的阶段划分突出的是出版学学科的强势，带有明显的主观色彩。

第二节　编辑学与出版学学科体系比较

一、关于学科和学科体系

学科的含义有广义和狭义之分，从科学分类方面看，广义的学科指科学门类的划分或一门学科领域的总称，如人文科学、社会科学、自然科学、工程技术科学等；狭义的学科指一类或一种具体的科学，如自然科学的生物学、数学、化学、物理学，社会科学的经济学、历史学、法学、教育学等。学科可以分为不同的层级，从学习或研究的学术科目这层意义上看学科，通常指学术研究的主题科目或学校设置的主要教学科目。

总体来看，学科是整个科学结构的总体系统，大系统中又分为不同类型、不同层级的子系统。它们共同构成系统的学科链，即依据科学研究的学术分工或教育教学分工组织起来的系统的学科结构，是建立种种专门学科体系或者专业课程体系的基础。

人类迄今所积累起来的全部科学知识是一个很大的学科体系，总体上可分为六大系统，分别是自然科学、工程技术科学、社会科学、人文科学、信息科学和管理科学。它们都是通过对物质流、能量流、信息流三大现象的研究而建立起来的学科体系。这些大学科体系，又因具体的研究对象、研究目的和研究任务有所不同，可分为相对独立且较小的学科门类，不同的学科门类各有其自身的学科体系。

可以说，学科体系是对科学生态总体结构的系统分类和分层的科学描述。随着科学研究事业的改革、发展，学科门类和专业设置增加了不少，科学有与其内容相适应的逻辑表现形式，要表现为一定的学科体系。事实证明，成熟的学科必然有其发达的学科体系。因此，建立和发展一门成熟的学科，有必要对这门学科的体系进行精确而全面的研究。研究和建立编辑出版学的学科体系，是创建科学的编辑出版学学科的理论基础，它将深化这一学科的理论创新，并推动学科建设走向成熟。

二、编辑学、出版学的学科体系

出版学不是用某一种专业知识所能概括的单一学科，而是由许多种知识，以及管理经营与统计核算等技能所构成的一个包括工、商生产业务和市场营销作业在内的实践知识体系。出版学与其他学科，特别是与编辑学、印刷工艺技术、发行营销学等有着千丝万缕的联系。关于出版学的学科体系，中国已有不少论著进行探讨研究，但是尚未形成在理论上建构完备、历史内容十分丰富的学科体系。在国外，以印刷出版、发行营销、经济核算为主体的出版学学科体系已经形成，如德国的《现代图书出版导论》（汉斯－赫尔穆特·勒林著，商务印书馆），英国的《出版概论》（斯坦利·昂温著，中国书籍出版社），美国的《出版学概说》（J.P. 德索尔著，中国书籍出版社）等，都是以印刷出版的工艺技术与发行经营核算为论述主题的。这些著作虽然都认为编辑工作是出版工作中十分重要的环节，但对编辑的内容创新及其文化学术作品的质量、品位、价值和意义，都是仅仅拿出一章或一节，甚至只在前言中作为出版学的前提条件或基础进行简要讲述。

我国的出版学研究，需要形成稳定的学科体系，一些研究者按照我国现行的出版体制，特别是社长负责制，认为出版大于编辑，编辑工作是出版工作的一部分，而编辑学是出版学的一个分支，其历史观则是"有了出版才有编辑"。这种"大出版小编辑"的观念仅从现行的图书出版体制着眼，把编辑视为出版社内部在出书前的准备工作，主要是对稿件的审编加工，而不是文本创意、文化创新与策划选题、开发作者、规范媒介传播的工作，缩小出版物（媒体）的范围。因此，一些出版学研究者索性就把"出版"界定为图书的编审稿本、印刷复制、发行营销三个要素或三个环节。这种"编、印、发"一条龙的"出版"观念，常常轻视甚至忽视编辑活动的文化思想创新与媒体传播的改革，过分偏重印制工艺技术与发行市场经济效益的计算，容易轻视出版以"内容为王"的产业特性。这样一来，出版学研究中就出现了两种极端，一种是认为出版学就是专门研究书刊印刷和发行营销的工商管理之学，另一种就陷入"大编辑学"的思想误区。

从近代学术观点来看，编辑学与出版学两个学科都不是孤立存在的，二者之间存在着必然的、不可分割的内在联系，即编辑是出版的精神内需，出版是编辑的物体外观。

第三节　网络时代的编辑学与出版学

2024年3月22日，中国互联网络信息中心在北京发布第53次《中国互联网络发展状况统计报告》（以下简称《报告》）。《报告》显示，截至2023年12月，我国网民规模达10.92亿人，较2022年12月新增网民2480万人，互联网普及率达77.5%。人类正在进入网络时代，网络将会像食物、空气和水一样每时每刻影响人们的日常生活。与此同时，网络媒体所带来的新生事物正在受到人们的普遍关注。网络媒体不仅是信息传输、交流媒介工具，以及集合传统媒体之优势的综合媒体，而且还特指基于互联网传播新闻和信息的媒介单位。相对于报刊、广播、电视三个传统媒体而言，网络媒体又被称为"第四媒体"，是一种具有鲜明特性的超级媒体。

因为现代科学技术的迅猛发展，新闻出版、广播、影视、广告、音像等行业日益壮大，编辑活动在这些行业日趋活跃。编辑过程的复杂化和多样化、编辑工具和编辑能力的现代化和科技化、编辑关系和编辑活动的扩大化和社会化，都把出版学和编辑学研究推到了一个非常泛化、错综复杂的境地。21世纪，编辑学研究和编辑活动已经不仅仅局限于出版领域，出版学、编辑学研究面临极大的机遇和挑战。

一、互联网时代的传播特征

（一）传播时间上的即时化特征

20 世纪 90 年代后，世界上许多重大新闻的主要报道渠道，特别是突发性新闻的报道渠道，已经不再局限于电视、广播、报纸、期刊，而是作为"第四媒体"的在线网站。互联网上的许多新闻报道弥补了广播、电视和报纸在时效上的不足。报刊传播新闻受到出版周期和发行时间的限制，广播和电视尽管在时效上比报刊快，但受播出时段的制约。相比之下，网络媒体在传播时间上具有即时的优点，可以做到即时发布、即时传播各类新闻或信息。网络媒体传播的即时性还表现在新闻或信息的可重复性传播上，广播（或电视）的听众（或观众）错过了收听（或收看）的时间，就很难回过头来再听（或再看）。另外，网络具有较大时间跨度的检索功能，这是区别于报纸、广播、电视等传统媒体的很大的优势。

（二）传播空间上的虚拟化特征

网络媒体传播空间不分地域和国界，可以说，全球互通互联的电子网络有多大，网络媒体的传播空间就有多大。网络媒体的传播空间、时间的虚拟性，是报纸、广播、电视等传统媒体没有的。传播空间虚拟化的无限性，不仅指网络本身在新闻和信息容量上的无限性，还指借助搜索和链接功能。任一概念或专题都会通过一定的方式集合起来，将不同国家、地域、文化的人虚拟地集中在一个空间中让其交流信息，这是报刊、广播、电视等传统媒体无法做到的。网民查看新闻信息，不仅可以看这条信息本身，而且可以自由查看相关报道、相关网页，还可以自由访问相关网站。

（三）传播方式上的多样化特征

传播方式上的灵活多样，表现在网络媒体比任何传统媒体更具交互性、个性化等的特征。

1.交互性传播

传统媒体的传播方式通常是单向的，编、读双方无法随时随地进行双向沟通，而网络媒体既可以单向传播，也可以双向传播，甚至多向传播，如在编者和读者之间、作者与编者之间、作者与读者之间等。网络媒体的传播具有很强的交互性，网民与网站之间、网民与网民之间可以利用聊天室、网络电话等工具交流、沟通，实现互动，可以随时对新闻或信息展开讨论，还可以举行网络论坛、网络会议。

2.个性化传播

网络媒体可以依个人所好，搜寻个人喜欢的新闻、信息、娱乐内容，并推送给个人，较为人性化，而广播、电视、报纸等传统的大众传媒不会为个人单独出版，电台和电视台也不会播送只供个人收听、收看的节目。互联网就像一个巨型的新闻、信息的超级市场，每个网民可以在互联网上根据个人喜好，选择自己喜欢看的新闻和信息类别、交流方式等，定制自己喜爱的背景音乐、页面风格等。笔者认为，如今的网络媒体能够为用户提供一定意义上的人性化和个性化服务。

（四）传播行为上的自由化特征

通过研究媒体发展史可知，在一般情况下，新兴媒体的自由化程度往往高于传统媒体。相对报刊、广播、电视等传统媒体而言，网络媒体传播行为的自由性是较高的。网络媒体的信息无限化和信息自由化是紧密联系的，随着网络技术的发展，网络媒体不断冲击着传统媒体。由于网络媒体发展迅猛，一部分发布新闻的网站并无发布新闻的资格，且发布的信息多是些仅供参考、未经核准的信息，不具有权威性，也难以保证严谨性和真实性。因此，网络媒体在舆论导向功能方面往往不如传统媒体。在舆论民主化方面，互联网的特性使其能实现传统新闻媒体无法实现的个人表达自由和言论自由，任何人只要进入网络便可畅所欲言，形成了言论的"自由论坛"。尽管世界各国政府已经采取了一些可行的措施，加强对网络言论的监管，但网络论坛的特性为用户开辟了一个前所未有的言论空间和自我表达空间，多种声音从互联网上发出，使目前网络上新闻自由化、信息自由化的现象日益普遍。

二、编辑学和出版学研究的流派

编辑学研究经过演变已经有数十年的发展历程，摆在研究者面前的是编辑学、出版学理论研究的基本问题，尽管编辑学的许多学术问题还没有得到解决，理论还难以完善，但编辑学研究不得不涉及出版学的问题，不得不研究出版学和编辑学之间的关系，甚至是隶属问题。这是因为编辑活动与出版活动密切相关，许多研究者自然把编辑和出版习惯性地联系在一起，希望从中能够找到比较清晰的思路。笔者认为，可以从出版领域开始探讨编辑学的普遍性，从而将其普遍性推广到其他编辑活动存在的领域中去；还可以从出版领域中发现编辑学的共性问题和基本理论，从而为早日建立普遍编辑学或理论编辑学提供一种可行的研究思路或方法。

20世纪90年代，有关出版学、编辑学的讨论已经开始，并有多种以编辑学、出版学冠名的研究著作问世。这些著作对编辑、出版的概念，以及编辑学、出版学的定义、学科性质和内容进行了初步探讨，从而引发了编辑学、出版学研究的许多问题，提出了许多难点，形成了编辑学研究关注的焦点，即编辑学理论建设，并把编辑理论从出版领域扩展到新闻、电视广播、广告，以及音像出版、计算机网络等非传统出版领域中去。

几十年来，我国创办了多种编辑和出版研究方面的期刊，为编辑学这个学科的建设从理论上、方法上和人才上做了比较充分的准备。相关研究已经从总结编辑出版工作经验逐渐转向对编辑出版经验进行学科理论概括，逐渐将对图书、期刊和报纸等特殊的编辑理论认识上升到具有普遍意义的编辑理论，并初步对编辑学的基本理论和框架体系进行了有益的构建和设想，有的研究开始涉及出版学的研究内容。

经过编辑学研究的逐步发展，研究态势进入相对稳定的时期。主要表现为编辑学研究者从过去的浮躁中日渐冷静下来，对有关编辑学研究的基本问题重新加以思考和研究，改变了以前将大量系统科学、信息科学、传播学等理论和方法毫无节制地运用或嫁接到编辑学理论及其研究中来。进入研究的稳定时期后，众多学者开始从编辑活动的特征寻找编辑学和出版学独有的理论，这是编辑学理论研究的真正开端，在此期间，出现了几种比较明显的编辑学流派类型，从构建编辑学体系和研究视角或方法上，可将其概括为以下三种类型：

（一）先锋学派

先锋学派的特点是从编辑学学科体系、基础理论、概念、范畴等出发，提出具有编辑学学科特色的理论。这些理论基本具有相对完善的概念范畴、相对完整的理论体系，对编辑学体系和基础理论建设提出比较抽象的、理论化的构想，着眼于编辑学的学科体系建设和理论创立。先锋学派的代表理论有王振铎的文化缔构编辑学理论、司锡明的信息智化编辑学理论、苏镇和吴石忠的系统编辑学理论、张如法的编辑主体选择编辑学理论、于洪飞和朱四光的文化载体编辑学理论等。先锋学派的优势在于对编辑学建设提出了更抽象的理论框架和更独特的视角，为编辑学研究拓宽了研究思路。

（二）稳健学派

稳健学派的特点是从编辑实践出发，从中概括出一些编辑学科方面的理论。在学科理论建设方面不像先锋学派那样，从一个较完整的理论体系出发，推导出一系列编辑理论，而是从编辑学研究和实践中总结和提炼出有一定理论层次的编辑学理论，这些理论既对编辑学科建设具有重要意义，又对编辑实践有一定指导作用。稳健学派的主要代表人物有刘光裕、邵益文、王华良、林穗芳、阙道隆、徐柏容等。

（三）务实学派

务实学派的特色是从编辑实践中去寻找应该属于编辑学的内容，不急于研究编辑学框架或体系、基本理论等比较抽象的东西，而是从实实在在的编辑工作出发，发掘和总结一些编辑技术论、方法论，扎扎实实地为编辑学这座大厦添砖加瓦。务实学派的主要代表人物有钱文霖等。

进入 21 世纪，编辑学研究基本呈现出平缓稳定的局面，大多学者以一种非常冷静的心态对待编辑学研究，心平气和地潜心研究。无论是先锋学派、稳健学派还是务实学派，都以各自的研究方式和学术视角，协同构筑编辑学的宏伟大厦。三类学派各具优势，共同进行一项有意义的知识和理论创新工程。编辑学研究源于出版界，无法回避出版活动对其时时刻刻的影响。从 20 世纪 90 年代末开始，出版学和编辑学一同被摆在众多学者的研究平台之上，如何对待出版学、编辑学研究及其相互之间的关系，成为当今出版、编辑学术研究的理论性的难点。尤其现代信息科技的飞速发展，使编辑学、出版学研究呈现前所未有的复杂化、抽象化和社会化。

三、网络时代编辑学、出版学研究的难点

随着数字技术的发展，互联网时代应运而生，新的媒体形式也由此诞生，人们获得了获取信息、表达观点的双重自由。面对民间舆论场的日益繁荣，传统媒体在与新媒体的竞争中受到了一定的冲击，进入了注意力稀缺的时代。在这样的背景下，许多传统媒体开始积极探索与新媒体融合发展的路径，以期得到更好的发展。

随着网络的发展，尤其是随着宽带网络与多种接入方式和终端机的普及，网络媒体在信息传播领域的地位进一步提升，在媒体市场所占的份额扩大，从而对出版编辑领域产生更加广泛的冲击和影响。

以计算机及其网络为先导的信息全球化浪潮，已经逐步逼近和冲击以文化生产为核心的传统出版业。信息高速公路把人类各种各样的文化信息或资讯通过各种媒体，以声音、图像、数据等符号系统的形式，利用光盘、硬盘、磁盘等物质载体，以及显示器、键盘、鼠标等高科技设备进行传输，传统出版从以纸张为核心的印刷出版业出发，向音像出版业、电子出版业、网络出版业等现代出版业转变，编辑学研究在这种传统出版业向现代出版业转变的过程中遇到了许多难点。

（一）理论研究内容日益复杂

编辑学、出版学的理论研究内容日益复杂，主要是由文化载体的多样化引起的。在传统出版业中，编辑出版是以纸张为最基本的文化信息物质载体，以文字为主要的符号系统，通过编辑出版，印刷出传统出版物，即图书、期刊和报纸。而现代出版业对以纸质为主的物质载体提出了巨大的挑战，音像出版物、电子出版物和网络出版物给传统出版业带来了巨大的冲击和挑战，同时也带来了机遇和希望。现代出版业以崭新的形式，即网络报刊、网络新闻和网络图书，构成了物质载体多样化的多媒体符号系统，这对现代出版业的编辑水平、编辑素质和编辑能力提出了更高的要求。现代出版业所反映的编辑活动内容日趋错综复杂，这必然使编辑学、出版学的研究内容日益复杂，而非传统出版业那种简单、专一的图书、期刊和报纸编辑出版过程或方式。现代出版业的编辑过程和方式已发生了许多质或量的变化，现代出版业需要的编辑者已非昔日传统出版业的编辑者。因此，现代出版业的编辑学、出版学研究内容固然要比传统出版业的编辑学、出版学研究内容复杂，这是知识社会背景下的学术研究难点之一。文化载体的多样化和符号系统的丰富性，要求编辑学、出版学研究内容更加复杂，编辑学和出版学研究要求能从这复杂的现象中找出共性规律，形成出版学、编辑学的基础理论，构建其学科的概念体系，使理论研究从传统出版业向现代出版业转变的过程不断向前发展，并得以进一步深化。

（二）理论研究对象日趋抽象

编辑学、出版学的理论研究对象日趋抽象，主要是由出版现代化引起的。随着出版业的现代化、出版过程和编辑过程的现代化进程的推进，传统出版业的手稿、笔、剪刀、墨水等编辑工具和编辑对象，开始向现代出版业的激光印字稿、电子邮件、磁盘、显示器、键盘、鼠标、排版应用软件、计算机网络等新型的编辑工具和编辑对象转变，编辑产品制作成出版物的过程已经由"铅与火的时代"向"光与电的时代"转变。因此，发现和创建既适应传统出版业，又适应现代出版业的学科基础理论，对出版业的过去、现在进行科学而有效的诠释，对出版业的未来发展进行科学而权威的预测，对编辑活动的性质、功能、结构给出科学的定义，对构建普遍适用并指导编辑实践的学科体系，是很有必要的。这对编辑学、出版学研究提出了更高的要求。编辑学、出版学若想适应编辑过程、出版过程的现代化要求，必须对传统出版业、现代出版业中的编辑过程、出版过程进行科学的分析和概括。

例如，在传统出版业中，纸质的图书、期刊、报纸等出版物的物质生产过程被称为印刷，而现代出版业中的音像、电子、网络出版物的物质生产过程被称为制作、传输和下载。编辑学、出版学必须运用科学的基础理论和概念范畴将这些性质类似的物质生产过程统一起来，并创建出版学、编辑学的现代基础理论，将编辑过程、出版过程有机地联系起来，以便科学地描述出版实践和编辑实践，并指导现代化出版工作和编辑工作。

（三）理论研究范围日趋社会化

编辑学、出版学的理论研究范围日趋社会化，主要是由编辑活动扩展引起的。这一现象普遍存在于传统出版业、新闻业的编辑活动中，不仅在现代出版业继续扩展，还在音像出版业、电子出版业和网络出版业呈现逐渐扩大的趋势，并已经扩展到广告业、计算机软件开发、网络开发、影视制作等，成为信息传播过程中必不可少的社会活动。编辑学、出版学研究范围逐渐扩大，表现出明显的社会化趋势，这给理论研究带来了又一个难点，即研究范围社会化，所涉及的编辑、出版领域使编辑系统开放化。现代各种文化产业需要编辑活动，文化产品经编辑出版后，成为社会化的精神产品。不仅编辑活动在文化产业领域扩展、渗透，编辑工具和编辑主客体内容也发生了许多变化，这不仅要求相关学者分析大量的编辑出版活动性质、内容和形式，增加理论分析和甄别的难度，还要求编辑学、出版学理论研究范围逐渐扩大，达到社会化和概念泛化，否则难以全面看待出版业编辑活动，也难以创建全面而系统的编辑学、出版学。

（四）重视精神生产过程中价值规律的特殊性

出版学理论研究，必须重视精神生产过程中价值规律的特殊性。无论出版物是传统的还是现代的，其价值都具有双重性，即既有精神价值又有物质价值。凝结在出版物中的一般人类劳动可以划为明显的两部分：一部分是创作者的创作劳动和编辑者的编辑劳动，这是精神生产劳动；另一部分是物质劳动，即印刷或制作等。

一般而言，精神劳动创造了出版物的精神价值，物质劳动创造了出版物的物质价值。因此，出版物价值是由精神价值与物质价值共同组成的，其价值构成具有多重性。这种多重性主要表现在价值理解上，其中有劳动价值、经济价值、社会价值和文化价值。另外，出版物具有层次性、互依性和共享性的使用价值特性，在出版物的价格上表现为供求价格、协商价格、专利价格等。这些出版物不同于纯物质产品的特点，决定了出版活动中特殊的价值规律。

因此，编辑学、出版学研究具有精神再生产特性的出版编辑活动，在实现出版物劳动价值、经济价值的基础之上，注重出版物精神价值、文化价值和社会价值的实现。

总之，互联网时代已经来临，网络媒体给世界带来了新的生活方式和工作方式。网络媒体在向报刊、广播、电视等传统媒体提出新挑战的同时，也给出版学、编辑学研究领域提供了更加广泛的研究背景和发展空间，有利于研究者在更加宏伟的理论基础上，建造编辑学、出版学的学科大厦。

第四章　编辑学与传播学

第一节　传播学概述

作为一门独立学科，传播学是人类传播智慧的结晶。它既反映了人类对传播现象和传播规律的漫长认识过程，也反映了人类传播经验和传播知识的系统组织架构。

作为一门新兴学科，传播学是生长在多门学科汇合交叉地带的一棵大树。它既携带多门学科的"遗传因子"，反映了各种知识交叉、融合，又表现了新颖的建构思想和广阔的理论视野。

美国的学者分别从不同角度探索传播学的理论，并提出了种类繁多的传播模式。传播学家运用不同的模式解释信息传播的机制，以及传播的本质，揭示传播过程与传播效果，预测未来传播的形势和结构等。

传播学在美国问世后，很快传到西欧和日本。英国的传播学研究从20世纪60年代开始蓬勃兴起，在方法论上可分为四大学派，分别是社会学派、社会心理学派、政治经济学派和职能学派。

受信息传播全球化趋势的影响，传播学已在世界范围内成为发展速度非常快的学科之一。

一、传播学的定义

若想界定传播学，有必要先了解何为传播研究和传播理论。

传播研究，是人类对传播现象和问题的审视、探究和思考。它可以是对传播活动的描述、对传播关系的分析，也可以是对传播行为的约定、对传播难题的探讨；它可以是只言片语、零散讨论，也可以是长篇大论、系统论述。

传播理论，是传播研究者对某些传播现象和问题的系统解释和集中探讨，是由与该现象有关的一组命题组成的体系，是有助于弄清该现象的任何一种思想。传播理论有可能以自己独特的观察与分析的角度、方式及指导思想，着重关注研究对象里的某一方面，而忽视其他方面。也正因为如此，传播理论创造了一个属于它自己的理论世界，尽管它没有揭示出全部传播真谛。

传播学是一门独立的新兴学科，是一门探索和揭示人类传播的本质和规律的科学，也是传播研究者在最近几十年系统分析和有机整合人类传播现象和传播研究成果，从而发展成的知识体系。

英国传播学家丹尼斯·麦奎尔（Denis McQuail）认为，任何传播学理论都必然要用数个不同的理论和证据加以构筑。传播学是传播研究、传播理论发展到一定程度的产物。这三者的关系犹如一座金字塔，传播学位于塔顶，传播理论位于塔腰，传播研究位于塔基。任何华丽的塔顶都离不开稳固的塔基支撑，如果没有塔顶，只有塔基，那么只能算是正在施工的建筑。这就是传播研究最先出现、传播理论延后诞生、传播科学姗姗来迟的重要原因。换言之，传播学的诞生是一个长时间的、缓慢的、渐进的过程，即逐步由应用研究转向基础研究、由微观研究转向宏观研究、由单一研究转向综合研究、由依附关系转向独立地位。

同其他学科一样，传播学的学科建设也强调积累、批判、创新。传播学研究应该尊重前人的研究成果，汲取前人经验，要有批判精神，有勇气否定自己已经取得的成果，对新的线索穷追不舍，同时，还要积极探求新思想，寻求新解释，提出新预见，建立新理论。

传播学是跨学科研究的产物，和其他社会科学学科有密切的联系，处在多种学科的边缘。由于传播是人的一种基本社会功能，所以凡是研究人与人之间的关系的科学，如政治学、经济学、人类学、社会学、心理学、哲学、语言学、语义学等，都与传播学相关。

传播学运用社会学、心理学、政治学、新闻学、人类学等学科的理论观点和研究方法，研究传播的本质和概念，传播过程中各基本要素的相互联系与制约，信息的产生与获得、加工与传递、效能与反馈，信息与对象的交互作用，各种符号系统的形成及其在传播中的功能，各种传播媒介的功能与地位，以及传播制度、结构与社会各领域、各系统的关系等。

此外，传播学还要借鉴自然科学中的信息论、控制论、系统论等。因此，人们将传播学称为交叉学科，意思是处在多种学科的交叉路口，各种社会学科的理论又往往成为传播学理论的一部分。但是，传播又有其自身的理论，是其他社会科学所不能代替的。

二、传播学的研究对象和宗旨

（一）传播学的研究对象

传播学的研究对象是人类传播现象，既包括传播活动现象，也包括传播意识现象、传播关系现象和传播规范现象。人类传播既包括大众传播、组织传播，又包括内向传播、人际传播。总之，凡是客观地存在于传播活动中，并构成影响的现象，都是传播学的研究对象。

在具体的研究中，传播学者有权着重研究某些现象，他们基本上不会全面出击、平均用力。由于大众传播活动是人类一切传播现象中最重要和最醒目的一种现象，当代的基础传播学往往将其视为重要的研究对象，其他现象会在特定情况下进入研究者审视和分析的视野。

（二）传播学的研究宗旨

传播学的研究宗旨，就是从人类社会的普遍联系中、从人类传播的内在机制和外在联系中、从各种传播因素之间的相互关系中，探索和揭示人类传播的本质和规律。传播的本质是传播活动的根本性质，是指传播活动组成要素之间的内在的、稳定的联系，是由传播活动本身所具有的特殊矛盾所决定的。传播的本质具有稳定的、内在的、深刻的、普遍的性质或特点，而传播现象则表现出易变的、外露的、表面的、个别的特征。所以，认识传播的本质必须借助抽象的思维和科学的方法，并通过艰难探索，而对于传播现象则可以通过感官直接感知。

三、传播学的学科特点

与社会学、心理学、政治学、人类学等学科相比，传播学是一门处于诸多学科交叉、边缘地带的，并具有一定应用性的新兴独立学科。主要有以下几个学科特点：

（一）整体性

传播学要研究的不只是支撑传播活动的几种要素（如传播者、信息、媒介、受传者）和一些单纯的传播现象，而是一个由各种相关因素有机联系起来的整体系统；传播学的研究对象不只局限于某种社会制度下的传播活动和某类传播现象（如人际传播或大众传播），而是面向世界、面向未来、针对人类传播的全部现象；传播学绝不人为地割裂各种传播要素之间的有机联系，而去孤立地看待和分析某种要素，它的基本活动始终是再现有机的整体，即始终把各种独立的要素有意识地归并到传播的整体之中，努力分清其特性、机制及其与外部的种种联系，再进一步认识它、支配它。

（二）互动性

整体是互动因素的聚合，互动是整体形态的链条与部件。互动不是单向和单方面的，就传播过程来说，无论多么高明的传播者都不可能单独完成传播任务，他必须有传播对象，并通过对象的信息反馈来验证传播效果。就传播关系来说，大众传播作为社会系统的一个子系统，它与社会有着千丝万缕的联系和复杂的互动关系。因此，传播学要研究的正是传播过程中各种因素之间永不停止的相互影响的复杂、动态关系。这就要求传播学者在研究中自觉地将传播者与受众、媒介与社会、要素与过程等互动关系有机地结合起来加以分析研究，从而揭示其内在机制。

（三）开放性

传播学面对的不是孤立存在的个别传播现象，而是从一定的角度、窗口审视和研究"整个世界"。换句话说，凡是同传播学的研究任务有关的因素，都可以从一定的角度和窗口进入这门学科的研究视野。因此，传播学具有开放性。传播学的开放性不仅体现在研究对象上，还体现在知识与方法上。不论是传播活动还是传播研究，都要高度重视和合理利用外部条件。传播学在研究上具有"来往自由"的开放性，并不意味着它丧失了自身作为一门独立学科而存在的权利，因为不论传播学怎样开放，它所研究的核心对象群、所运用的基本原理是不会轻易改变的。

（四）综合性

传播学在分析传播现象、探讨传播规律时，不会局限于仅使用和吸收一两种方法、手段或极个别的学科知识，而总是依据研究目的和对象特点，综合地借鉴并运用多种方法、多种手段和多种学科知识，对研究对象进行多变量、多层面的立体观察与分析。如果不这样做，就无法正确地分析问题，也无法科学地解决问题，更无法深刻准确地把握传播的过程、性质和特点，以及同其他相关因素相互依赖、相互制约的规律。

（五）发展性

在传播活动的变化过程中，新的信息层出不穷、新的媒介不断涌现、新的技术与日俱增，这就是发展的表现。发展是永恒的，是具有前进性质的上升运动。它的实质是新事物的产生与旧事物的灭亡，是推陈出新的过程。传播活动的过程所显示的，是信息产生、采集、接受的"发展史"。因此，在进行传播学研究时必须以发展的眼光来看待和分析研究对象，关注传播内容、传播媒介、传播技术和传播形式的发展。传播学研究不仅承认传播活动的发展变化，而且主张从发展变化中发现并揭示传播及其发展的本质和规律，推动传播学的良性发展。

这些学科特点，既揭示了传播学的本身特质，也指明了传播研究的正确途径。

第二节　编辑学与传播学的联系和区别

编辑学在整个学科体系中的定位，是编辑学学科建设的重大问题之一。早在 20 世纪 80 年代，就有研究者以图书编辑学为例，认为图书编辑学属于社会科学范畴，无论是社会科学读物编辑学，还是科技读物编辑学，都属于社会科学，图书编辑学是一门实用性极强的边缘学科。这一观点有一定道理，而且编辑学应是社会科学的一门综合性学科。随着多媒体的发展，编辑活动越来越普遍，已经广泛地介入精神生产之中，并起着越来越重要的作用；同时，它不同于语言学、文字学，更不同于政治文化学或经济文化学，而是有它自身的活动规律和功能。

论及编辑学与传播学的关系，不少人自觉地认为编辑学是传播学的一个组成部分，这种观点并不科学，因为传播学与编辑学是既有联系，又有区别的。

一、编辑学与传播学的联系

现代传播学虽然诞生的时间不长，但它的研究对象非常广泛，而且随着新媒体的出现，其研究对象范围仍在不断地扩大。根据美国著名传播学者威尔伯·施拉姆（Wilbur Schramm，以下简称施拉姆）的观点，大众传播媒介，指的就是在传播途径上有用来复制、传播符号的机械，以及有编辑人员的报刊、电台等传播组织和渠道，具体可分为印刷媒介（报纸、杂志、书籍）和电子媒介（电影、广播和电视）。施拉姆认为"传播"集中研究报纸、杂志、广播、电视这四种媒介，有时应称其为新闻媒介。可见，传播学研究的范围已经包括了各种媒介。

起初，传播学的传播对象仅指听众和观众，后来又增加了读者，这和编辑学要研究的读者基本上是一致的。

传播学研究的"把关人"，也可被称为"守门员"，就是指传播过程中的记者、编辑和节目主持人。这样就把编辑学的主体——编辑也包括在内了。

根据以上观点可以认为，编辑学和传播学是有联系的。

二、编辑学和传播学的区别

传播学被认为是研究人类社会传播现象和传播活动的一门新兴的边缘学科，是随着新闻广播，特别是电视的迅速发展、普及而发展起来的。至于传播学的定义和它的研究对象，至今仍然是众说纷纭、莫衷一是的。

在施拉姆看来，传播学所研究的主要是与大众传播媒介有关的问题，是信息在由点及面的传播过程中的问题。他认为，传播学研究的是人与人的关系，以及与他所属的集团、组织和社会的关系；传播学还研究人们分享信息的关系，如何谋求信息、劝说、指导、娱乐，研究人们怎样互相影响、受影响，告知他人和被人告知，教别人和受别人教，娱乐他人和享受娱乐。他还认为"传播是社会得以形成的工具",是"人类社会的基本过程",是"两个或两个以上的人在一起,试图共享某种信息"。他指出,传播并不是完全通过言词进行的。不同姿势、面部表情、声调、音量,一个强调的语气,一个人把手搭在另一个人的肩上,一个八角形的停车让行标志,等等,一切都携带着信息。也有人认为箭或子弹的发射也是一种信息传播。传播学的研究对象非常广泛,不仅有文字传播,而且还有语言传播,甚至包括动作和实物传播。可见,传播学研究对象之广泛,和编辑学的区别是极为明显的。

传播学以广泛、迅速、连续传播为唯一特点,但编辑学并非仅仅服务于大众传播,它也并不以广泛、迅速、连续传播为唯一的特点。施拉姆在《传播学概论》中认为,大众传播是指职业传播者使用机械媒介(如印刷报刊的印刷机,播送广播、电视的电讯机械)广泛、迅速和连续地传播信息,以期在大量的、各种各样的传播对象中唤起传播者预期的意念,试图在各方面影响传播对象的一个过程。这里,施拉姆显然把利用机械媒介广泛、迅速、连续、大量地传播信息作为大众传播的根本要素。但就编辑学而言,它与新闻结合,固然有广泛、迅速、连续和大量的特点,但这仅仅是它的一个方面,它还有其他方面,如不广泛、不迅速、不连续、不大量的方面,同时也有不利用机械的方面。例如,图书并不需要非常迅速、连续,有时也不需要大量和广泛;更何况还有文书、档案、密码等所需的编辑活动。这显然与大众传播具有明显差异。

编辑学是研究编辑活动的形成和发展,探索它的内部联系和外部关系,揭示它的特点、本质及其一般规律的科学。编辑学不仅有自身的理论体系,而且还有很强的实用性,明显是一门应用科学。它既有适应和服务于各种传播手段的编辑学,如报纸编辑学、杂志编辑学、图书编辑学、影视编辑学,同时又研究自己的基本理论、基本规律,也就是一般所说的普通编辑学,即理论编辑学。理论编辑学反映编辑活动的普遍规律,它是编辑学的基本原理,是一种基础理论,正是由于这种基础理论体系的存在,才使得编辑学成为一门独立学科。

编辑学和传播学有各自不同的研究对象和规律,是两门不同的独立学科;它们在某些活动中又互相服务、互相促进,也可以说是你中有我、我中有你,但从根本上说，这并不影响彼此作为独立学科的存在。

第三节　编辑学与传播学的同一性和互补性

一、编辑学与传播学的同一性

编辑学研究的范围，是否包括新闻、广播、电影、电视、广告、音像磁带、视听光盘、电脑软件等内容，一直是编辑学理论面对的难题。其实，在各种不同的传播方式中，编辑活动具有某些共性。例如，不同传播媒介都要从政治性、科学性、艺术性等方面对传播的信息进行筛选和判断，要通过编辑加工对传播的内容进行整理和剪裁，要将作为原料或半成品的素材变成适应大众传播需要的社会文化产品，等等。因此，不同传播手段中的编辑活动在理论上有相当的统筹性和涵盖性，它们犹如不同建筑材料的创造者，必须联合起来才能共建编辑学的理论大厦。

随着现代化的逐步深入，编辑活动的服务对象已由最初单纯的政治目标逐渐分化出经济目标和文化目标，这使编辑工作变得更加复杂多样。由于不同的编辑活动主体日益分离，传播方式的差异日益扩大，相互之间缺乏经常的联系和交流，人们最初进行编辑学研究时总是限定在图书、报刊这些文字性出版工作的范畴，这样就无法找到图书、报刊与广播、电视、音像出版、软件生产之间在本质上的同一性。因此，只有超越单一文化、单一行业的局限，比较和研讨一切编辑活动的规律，才能找到编辑学研究的基本方法和正确途径。也就是说，要以图书、报刊、广播、电视、音像出版、软件生产等不同传媒的共性作为出发点，注意将不同行业、不同领域的编辑活动集中起来加以研究，消除不同专业、不同学科之间的差异，从而获得更加深厚的编辑学基础。

编辑活动是随着语言文字的传播功能日益扩大而出现的，为使某种教义达到长久的劝服或影响的目的，就必须使文字的象征符号凝固在某种载体之上。从原始形式的对话、表演、铭刻、形塑，到后来运用羊皮、木简、纸张的书籍抄刻，都表明编辑活动是随着文字信息的传播而被引入社会生活的。"公之于众"，既是编辑学的动机，也是传播学的目标。传播是人类的基本需求之一，与编辑同属一种社会文化现象。严格地讲，传播的意义是在有了书籍出版以后才被规范化的。在传统社会，人们所关注的主要是自然界与周围环境的变迁，而不是群体以外的社会化信息，同时，封闭的生产和生活方式所产生的信息量也非常有限，所以面对面的直接的人际传播是传统社会交往的主要形式。虽然书籍的编辑和出版早在农业文明初期就已经出现，但由于刻印装订条件有限，不仅生产的数量、规模受到限制，而且传播的范围、程度也有限，18世纪60年代以后，逐渐由单一的手工刻印发展到大规模机械化印刷和自动化复制的阶段。此后，科学技术迅猛发展，社会交往日益加强，使信息量大大增加，使大众传播成为可能。社会生产力的发展和人类文明进步的趋势，是大众传播媒介产生并逐步扩大的基础。除了图书出版，报刊、广播、电影、电视、互联网等传播方式相继出现，使信息资源和有效的信息传递成为人类活动的必要条件和基础。在这种情况下，传播行为与编辑活动的内在联系也在加强，编辑学和传播学理论之间显示出相当明确的同一性。这种同一性包括以下几个方面：

（一）传播理论

在传播理论方面，著名的拉斯韦尔传播模式既可以说明传播行为的一般规律，也可以说明编辑活动的一般规律。在这种模式下，"谁""说什么""通过什么渠道""对谁说的""产生什么效果"被认为是传播理论的五项原则。这些原则不仅是传播学所遵循的，也是编辑学应借鉴的。

（二）传播结构

在传播结构方面，主要研究和评估传播的内容，分析语言特点和价值，分析语言符号与所指对象之间的关系，以及语言对人们处理信息的影响等。显然，这不仅是传播学的内容结构，也是编辑学的内容结构。

（三）传播形式

在传播形式方面，主要强调人际传播和大众传播。人际传播指两个或两个以上的人之间的信息传播，其目的是谋求信息，进行思想和情感的交流，谈话、演说、戏剧、展览等，都可以达到人际传播的目的。大众传播主要指非职业传播者，运用大众传播工具，如图书、报刊、广播、电影、电视、广告等，为达到社会交流的目的，向受传者传递信息，以期实现传播目标。显然，这种大众传播的方式也是编辑活动赖以存在的基础，它表明传播行为与编辑行为的工作对象的统一。

（四）传播的功能和效果

在传播的功能和效果方面，主要是大众传播对个人、群体和社会的影响，传播对个人认识、情感、态度的形成及行为效果的作用，以及传播与政治系统的关系等。社会传播的主要功能在于以下几个方面：

第一，守望或监视环境，使社会成员及时了解周围现状，以便在面临威胁和危机时能适时做出反应。

第二，联络与协调社会系统各部门，推动政策制定，加强管理职能，促进社会文化机制的运转。

第三，教育社会成员，传播文化知识，丰富文化娱乐活动，使社会系统和价值观念得以相传。

可见，传播具有告知、劝服、教育、娱乐四个方面的社会功能，这也正是编辑学研究的基本内容。

（五）传播者的基本作用

在传播者的基本作用方面，国外的学者一般把传播者称为"把关人"或"守门员"，认为他们把握着弃留、增减、解释信息并给予受传者以外化形象的权力；同时，传播者的活动受到意识形态、个人爱好、教育程度、鉴赏能力等因素的制约。他们在整个社会体系中的作用，取决于职业地位、生产方式、权力分配、审查制度以及所属社群等。传播者的行为必须符合同一体系中其他成员的希望和要求，这样他们才能成为广泛的社会传播网络的主导力量。在这里，传播者的特定作用，其实也是编辑主体的基本属性和基本规范。

（六）受传者的接受机制

在受传者的接受机制方面，传播理论对受传者的研究流行"枪弹论"，即认为传播什么，受传者就接受什么，像中子弹一样，立即生效。但事实上，受传者并不完全为传播内容所左右，受传者选择传播内容主要有以下三种方式：

第一，选择性注意。受传者首先要感兴趣，才会去听、去看、去读，否则就不理不睬。

第二，选择性理解。对同一传播内容，受传者的理解各不相同，从而形成了传播的社会分层。

第三，选择性记忆。受传者对自己感兴趣的内容一般都用心记忆，反之则置于脑后。

这表明，传播学与编辑学一样，它们都把受传者信息选择和接受程度作为研究对象，具有影响受传者的同一目的。

二、编辑学与传播学的互补性

编辑活动与传播行为是因各种社群之间的相互作用而产生的文化现象，传播主体与传播客体之间由于有编辑存在，因而具有组织与调整的同一性功能。其实，编辑活动就是"选择某种文字、图像、声源或符号，利用一定的载体进行复制或传播的行为"，它把信息整理、编审加工、复制传播的功能集于一身。由于编辑在先，传播在后，所以编辑学理论与传播学理论之间，既有同一性，又有互补性。这种互补性表现在以下几个方面：

（一）建立在接受理论的基础之上

任何信息或文本，在开始仅作为一种尚未定性的存在，并不能产生具有决定性的独立意义，只有在进入公共传播领域之后，依靠受传者的阅读、欣赏、理解、认知的过程才能具象化，并产生认同的效果。如果传播者与受传者之间尚未形成一种沟通或默契，那么信息或文本只是一个未完成的结构，无法实现社会化、大众化的传播目的。在这里，接受理论是贯通编辑学与传播学研究的中介，能够发挥相互补充的作用，使信息或文本的不确定性得以充实，使其顺利进入传播领域。

（二）表现在对公共选择的坚持上

公共选择是传媒与公众之间运用传播手段而建立起来的一种认同网络，实际上也是一个信息沟通、交换、分享的过程。在这个过程中，编辑活动在作品传播与作品受传之间充当某种融合的媒介。其实，编辑过程与传播过程的前提都是同一个社会文化网络，而编辑要同时代表传播者和受传者去进行选择，将自身置于公共选择的监督之下。这表明，公共选择的理论能够作为编辑学与传播学的融合因素，发挥相互吸收的作用。

（三）表现在对价值结构的理解上

在一定意义上，编辑主体的"意义世界"蕴涵着传播者与接受者共同的价值要求、功利取向、情感体验、行为方式等内容，由此形成了对社会政治、经济、教育、道德、审美等方面较为稳定的价值准则，而各种传播媒体，包括图书报刊、广播影视、磁带光盘、电脑软件等都有特定的价值表达方式，这表明编辑主体与大众传播之间存在着客观标准。尽管在传播的过程中，对价值结构的认同是建立在个人的背景之下的，但具备了丰富的社会性和群体性。显然，价值标准也是沟通编辑学与传播学的内在联系的基本要素。

（四）表现在对编辑审美的共识上

编辑活动与传播行为都需要一种特定的审美心理结构作为中介，这就使得一切传播内容都可能成为审美对象，并具备美的属性和品格。审美的直觉或导向就是达成"以美启真""以美化善"的目标，凭借美的感受来沟通传播者与受传者，从而发现真理或实现价值。对于传播学来说，任何一种信息或素材都有其内在的未经提炼的审美价值，但对于编辑学来说，这些信息或素材只作为编辑活动的创造对象，这使传播过程势必成为一种有选择的审美过程。对真、善、美的共同追求，始终是新闻、报刊、图书、广播、电影、电视、广告等传媒共同遵循的原则，这正是传播行为与编辑审美相互融合的结果。

一般而言，编辑活动虽然是以图书、报刊出版作为基本领域，但它与传播理论的相关性决定了双方具有共同的存在基础，以及相互补充的运作机制，在不同的文化背景中，受商业利润的驱使，各种传媒会出现价值异化的倾向，并产生反社会的效果。这主要表现在以下几个方面：

第一，麻痹大众，过分强调信息或作品的娱乐性，使受传者忽视现实的社会问题。

第二，垄断舆论，借助消费主义的文化霸权来控制传媒倾向，支配大众的情感和价值取向。

第三，精神腐蚀，通过宣扬犯罪、堕落等负面行为，降低人们的欣赏品位，对社会道德造成严重危害。

编辑活动与传播的关系是一种文化互动的关系，也就是说，只有在一个充分理解且需要编辑存在的社会中，传播才能得到健康的发展。因此，编辑活动首先要受到社会价值体系的制约，同时也取决于必要的物质条件、经济投入、适当的社会政治环境，以及一定的社会传播手段。反之，编辑活动直接影响社会传播的效果，它通过对各种文化传媒的渗透和影响，最终触及人的物质世界和精神世界，在一定程度上促进社会生产力的发展，引起社会制度的变革。编辑活动与社会传播的共同基础是文化价值的统一，亦是对人类经验和理性的分享，它们之间的联系因此而具有共同的规范。这些规范可概括为以下三个原则：

第一，公正性原则，即编辑选择传播信息或内容时，不以个体好恶为出发点，而是始终坚持共同的人文标准和社会标准。

第二，接受性原则，即编辑首先要代表受传者，对传播信息或内容进行鉴别，不以集团利益为取舍标准，而是满足大多数人的审美情趣和价值取向。

第三，融合性原则，即编辑最终要在传播者、受传者之间充当融合媒介，协调相互之间的文化需求，使公众能够从分享精神文化产品的过程中受益。

编辑活动作为传播的重要环节，承担了信息的整理、选择、制作、生产的大部分功能，从而使人们从直觉、听觉、视觉的感受和理解中，提升自己的情操和品格，以便减少盲目性，增强目的性。各种文字出版物、音像出版物及多媒体作品等，都在以不同的方式生产大量信息，改变了以往由单纯文字性信息"统驭天下"的局面，这使得编辑工作的内涵不断扩大，编辑角色在社会传播中的作用也更加突出。文化信息和学术信息的多元化趋势，为大众传播提供了各种比较、评论和选择的机会，编辑学研究的范围也随之扩充。

在图书、报刊、磁带、光盘、软件的生产过程中，必须体现大众接受的原则，这是编辑学常常忽视的领域。在市场经济条件下，各种传播媒体追求商业效益是无可厚非的，因为市场行为反映了公共传播的本质，也规范了大众消费的基本环境。但是，大众传播带来的种种弊端和危害不容忽视。一些西方学者认为，工业化国家的影视制作和音乐表演的竞争将越来越激烈，甚至必须同周围生活的嘈杂和喧闹进行竞争才能得以生存，而各种传媒的泛滥将蚕食人的理智，消磨人的创造精神，扰乱人的平静生活，使青少年无法安心学习，使成人沉醉于虚幻之中。因此，编辑学研究的范围应该从文字出版逐渐扩展至由屏幕传播的各种声像信息，参与解决这个世界性的文化难题，使大众接受原则更具道德内涵、健康心理和教育理性。

虽然人们对编辑学的研究已开展多年，并取得了较大进展，特别是在完善文字性出版物的编辑理论方面卓有建树，但是，对于编辑学的核心概念，即编辑的界定，仍然局限于传统出版的范畴，不能涵盖一切编辑行为。需要重点关注的问题不是编辑学是否属于传播学，或传播学是否属于编辑学，而是它们之间如何相互吸收、相互补充。只有这样，才能走出传统方式的编辑经验范畴，改变用单一文化观念解释编辑现象的心理思维模式，摆脱编辑学研究的两难境地。

第四节　编辑传播学的研究对象与性质

编辑主体是传播大军中的一个十分重要的组成部分，其劳动是促成大众传播活动得以实现的根本环节之一。国内外的不同学科都曾对编辑主体及其劳动进行过研究。国外的传播学从宏观的角度注重对传播主体，包括信息采集者、信息加工者、信息传送者等对象所具备的"把关"特性进行整体研究，但没有把从事信息选择、加工的编辑活动的主体及其特点进一步细化并凸显出来；国内的编辑学虽然将编辑主体及其劳动作为独立的内容进行探讨，但是理论化抽象层次低，从其他学科多维视角研究编辑劳动的成果不足，如编辑学著作数量较少、影响力不强、交叉性的成果不多等现象仍然广泛存在。如何将编辑劳动既纳入传播的总体系统中进行理论层次的探讨，又使之与编辑主体的劳动特性紧密结合起来，使编辑学的研究更具针对性，是研究者需要思考的问题。

一、编辑传播学的研究对象

一个学科形成的前提是必须具有自己特有的研究对象或特殊的研究视角。编辑传播学从字面上理解，是以编辑传播作为研究对象的理论体系，显然，琢磨清楚编辑传播的含义，是建立编辑传播学的基础。因为编辑传播的含义不同，所以以编辑传播作为自身主要研究对象的编辑传播学所涵盖的研究范围是不一样的。

伴随着人类传播活动的不断发展，尤其是专职编辑人员从编著合一的状态下独立出来，"编辑"这一术语的意义也像其他词语一样不断引申，成为一个多义词。它既可指从事编辑活动的主体，又可指主体所从事的编辑劳动，还可作为编辑主体的职称名称，作为词组还可指将分散的传播内容编纂起来，等等。与之相联系的是"编辑传播"这一短语，无论是在结构上还是在语义上，都具有多重性。对"编辑传播"语义的不同理解就意味着对编辑主体及其劳动的认识在理论上有着不同的看法。

第一种看法，如果将"编辑传播"看作偏正结构，其意义着重指编辑主体进行了一定的劳动，即"传播活动"。主体进行劳动这一过程实际上就是编辑主体不断对信息内容实施过滤和把关，按照自身所在媒介的各种需求，将信息内容转化为适当的符号形式，使在一定范围内存在的传播内容物化后推广开来，最终转化为社会化产品并传播出去的过程。

第二种看法，如果将"编辑传播"看作并列词组，它着重指对传播的信息进行加工并以符号化的方式将其传播出去的具体行为本身，不涉及与传播活动有关的其他要素，如主体素质、主体心理等，也不关注受众群体的特性。

本节所讨论的编辑传播主要指第一种，这是因为人类社会的各种传播方式都具有系统性。大众传播作为一种复杂的、信息社会化的传播过程，是专业化的媒介组织运用先进的传播技术和产业化手段，以社会上一般大众为对象而进行的大规模的信息生产和传播活动，它以报刊、广播、电视等为介质；它的传播者是从事有组织的传播活动的专业化组织，如报社、杂志社、出版社、广播电视台等；它的传播内容是公开的，既具有商品属性，又具有文化属性，不同于私下的或内部的传播内容；它的传播手段是采用现代化的设备去大量生产、复制和传播信息；它的受众对传播内容与手段的反馈具有一定的延时性。因此，大众传播要将信息从信源处传送到最终的信息接收者那里，必须经过一系列紧密相连的环节，这种环环相扣的环节，实际上使大众传播形成了信息过滤和筛选的重重把关的链条。在链条的不同环节中，不同的传播主体都在对信息进行不同方式的把关和处理。其中，媒介对信息的把关最为重要。按照"双重行动"理论，媒介的把关过程分为前后相连的两个阶段：第一阶段是信息的采集阶段，典型的"把关人"是记者；第二阶段是信息的编辑过程，典型的"把关人"是编辑主体。这一理论对编辑主体在大众传播过程中的作用进行了分析，同时也充分证明了编辑传播应当以编辑主体传播信息的活动作为自身的内涵，这更适合复杂的大众传播对信息处理把关的实际。

编辑传播学就是以编辑主体及其所实施的信息传播行为作为研究对象而形成的理论。也就是说，编辑传播学是研究大众传播过程中有关编辑主体传播活动的特性、规律、方式、作用等内容的理论体系。

如果说大众传播是一个十分复杂的系统，编辑主体的传播劳动就是复杂传播系统中的一个子系统。对这一子系统进行深入的检视可知，编辑传播子系统既与大众传播系统发生关系，又有自身内部的特点。所以，关于编辑传播的研究，可以从多个角度进行。

若从宏观的角度研究，则要将编辑主体及其传播劳动放在社会背景中，寻找与编辑主体发生联系的关于社会的、政治的、经济的、法律的、技术的因素。一方面要探求诸因素对传播主体及其编辑劳动的影响。其原因有二：第一，传播者的传播并非个人行为的活动，而是既受个人的世界观、价值观、知识范围、经验等因素制约，又受传播者所在的社会、文化环境制约；第二，编辑传播不仅是一个技巧问题，还有其更为深刻的领域。另一方面要探求编辑主体及劳动对社会政治、经济、文化的影响，探求编辑传播的性质、社会功能、编辑传播与文化建构等。

若从微观的角度研究，则主要探讨编辑主体信息传播的复杂过程及相关因素。信息传播的一系列过程，就是信息不断被过滤和层层筛选，再加以社会化的复杂过程。编辑主体作为其中的信息"守门员"之一，对信息的把关方式和把关作用不同于其他"把关人"。换言之，编辑主体的传播劳动不同于其他传播者的传播劳动。要揭示编辑主体传播劳动的特质，就要对编辑主体传播劳动的复杂过程及相关因素进行深入的研究。

编辑传播学的两种研究视角决定了编辑传播的主要问题涉猎面较广，主要包括以下几个方面的内容：

（一）编辑传播的性质

所谓性质，就是一个事物区别于另一个事物的根本属性。编辑传播的性质主要是探讨编辑主体的传播劳动区别于其他传播主体，如人际传播的主体、组织传播的主体，以及大众传播主体中的记者、媒介发行者等其他人员劳动的根本所在，寻求编辑传播的特性。

（二）编辑传播的社会功能

任何有利于社会系统适应与调整的结果皆谓之功能，任何阻碍社会系统适应与调整的结果皆谓之反功能。显然，此处所强调的"功能"是就传播对社会系统的影响而言的，其着眼点在于传播的宏观影响，这一看法正好抓住了传播社会功能的实质。就主体传播劳动而言，其功能主要是就编辑主体的传播劳动对社会的宏观影响而论的，不同于编辑传播的效果，二者之间存在以下区别：

第一，编辑传播的效果是从微观角度来研究具体信息对传播的对象，即受众的心理、态度、行为所产生的影响，而编辑传播的社会功能是从宏观角度分析对社会发展所产生的影响。

第二，编辑传播的社会功能是以编辑传播信息的媒介及其内容作为研究对象的，即研究的客体是大众传播本身，编辑传播效果主要是研究主体发生传播行为后，带给受众的认识、行为等方面的变化。

（三）编辑传播的主体

对于编辑传播主体的研究，主要包括编辑传播主体的分类，在整个大众传播中编辑传播主体与其他类型的传播者的区别，编辑传播主体的任务、权利、素质要求，编辑传播主体的心理特征，以及影响编辑传播主体的社会因素等。

（四）编辑传播的内容

传播内容就是由信源向受传者发送的信息，它是联系信源与受传者的桥梁。传播的目的是使受传者与传播者达到信息的共享。编辑传播内容的研究主要包括两个方面：一方面是研究编辑主体传播的内容，即信息本身所具有的类别、特点；另一方面是编辑主体对传播内容的各种选择，以及信息污染的防治、适度信息量的控制等。

（五）编辑传播的载体

载体是信息传播时所依附的对象和物理形式。从传播的角度来说，传播就是信息在时间与空间上的流动，而信息的流动总是借助一定的符号形式来完成的。要将信息大规模地扩大、延长、传播出去，就必须将这些符号附着在一定的媒体上。所以，编辑传播的载体主要研究符号、大众传播媒介两方面的内容，包括编辑主体对信息的符号形式的选择、编辑主体与信息依附的媒介物的关系等问题。

（六）编辑传播的受众

受众是编辑传播的对象与目的地，是信息传播的最终评判者。受众有哪些不同的类别、具有什么特征，影响受众对信息选择的因素有哪些，编辑主体如何从受众处获得信息的反馈，如何调查受众的构成特征等，都是编辑传播学要研究的内容。

（七）编辑传播的流程

编辑传播的流程就是传播者将信息附载于传播媒介之上，并传播给受众的过程。编辑传播的过程从属于大众传播的过程，但是又具有自身的独特之处。所以对于编辑传播流程的研究主要包括编辑主体如何接触信息、选择信息、加工信息、传播信息，同时关注编辑主体在一系列的流程中受到哪些因素的影响，所传播的信息发生哪些偏差等问题。

（八）编辑传播的效果

编辑传播效果的研究不同于传播社会功能的研究，效果问题主要是研究受众在接收信息后，其思想、感情、态度和行为等方面发生的变化。对这一问题进行研究，主要是为了提高编辑传播的有效性，最大限度地实现编辑传播。因此，编辑传播的效果研究涉及编辑主体在传播过程中对信息进行各种过滤、加工后，对受众所产生的影响，包括传播效果有多大、影响编辑传播效果的因素、效果对信息的依赖、效果与传播的受众等问题。

（九）编辑传播与媒介文化

大众传播依靠不断进步的传播媒介负载信息，使传播信息的范围打破了时空的限制，信息在全球范围内实现了共享，媒介对人的影响越来越显著。媒介及其所负载的信息不仅带有一定的文化特色，成为时代文化的一种表现形式，而且还在塑造着新的文化。这种由媒介而产生的，或在媒介活动中显现出来的社会文化现象，就是媒介文化。作为社会总体文化系统中的亚文化系统，媒介文化的构成主要是因为媒介影响了人的行为方式。研究编辑传播与媒介文化，是因为编辑传播与媒介文化的关系十分密切。编辑主体是媒介的控制者之一，媒介传播的文化内容与形式在很大程度上是经过选择、提炼、组合和创造出来的，编辑主体将自己的主观愿望、意志和创造才能，通过媒介形式、信息内容等显现出来。对编辑传播与媒介文化的研究主要包括编辑主体如何通过控制媒介来影响现代社会及人们的心态、人们使用媒介时出现的差异性如何影响编辑主体的传播行为，以及如何影响人们对信息的取舍和认同。

二、编辑传播学的性质

编辑传播学是借鉴、吸收其他学科（如传播学与编辑学）的有关理论和成果，进而形成的具有交叉性质的边缘学科。它既不同于一般的传播学，也不同于一般的编辑学。不同于一般的传播学理论体系的表现在于它将关注点主要集中于复杂传播过程中的编辑主体的活动上，着重探讨编辑主体作为信息"把关人"在整个传播过程中所进行的劳动的规律、作用，与相关的传播因素的相互关系，对文化的影响等，目的在于丰富和细化以往的传播学理论，弥补传播学在这一领域研究较少的不足。不同于一般编辑学的表现在于它将编辑主体的劳动从孤立研究状态纳入大众传播信息流通的复杂过程中，还考虑到编辑主体与传播过程中一系列相关因素（如信息因素、受众因素、媒介因素、传播效果等）相互影响，突破了以往编辑学的研究范畴。

编辑传播学的跨学科性质还可以从以往的编辑学、传播学对编辑主体劳动的有关论述中明确看出。

（一）编辑过程论

这是我国编辑学界早期较为流行的看法，《报纸编辑学》《学报编辑学概论》《编辑通论》等著作的作者均持此观点。他们认为，无论是何种媒介的编辑工作，除各自的特性外，都是由若干个相互联系的环节构成，编辑学就是要研究这一过程中各个环节的活动及其规律。

（二）编辑方法论

一些学者认为，编辑学就是要研究编辑主体传播的方法。例如，处于分支学科的杂志编辑学，首先要研究如何编好杂志，进而研究为什么用这些方法就能编好杂志。也就是说，杂志编辑学是研究如何编好杂志的理论与实践的科学。

（三）编辑劳动论

一些学者认为，编辑学研究的对象就是编辑劳动，编辑劳动是编辑活动的全部和总体，它是人类社会发展到一定历史阶段的一种社会实践，是社会文化活动，是人类文明社会中特有的社会现象。但是，这部分学者认为在进行传播活动时，人们也必定把注意力倾注于与之密切相关的人，而编辑劳动者的研究集中到一点，就是编辑劳动者与编辑劳动对象（原稿）的本质联系。有的学者还将编辑劳动者，即编辑主体在编辑活动中的职责、地位和作用，编辑劳动对编辑主体的素质要求，编辑主体的形成和培养，编辑思想、编辑风格等的形成，作为编辑学的研究内容，同时将编辑劳动的对象（原稿），以及与编辑劳动相关的读者等也纳入研究范围之中。

以上三种理论是编辑学界对编辑劳动的有代表性的论述，从过程论到方法论，再到劳动论，将编辑主体的劳动与从事劳动的人逐渐结合起来，但仍未将编辑主体的劳动纳入信息传播的复杂系统中，也未考虑与信息传播相关的其他因素。

（四）编辑把关论

不少传播学家持此观点。施拉姆认为，研究把关具有重要价值，通过揭示把关过程，可以使传播对象更好地理解应如何评价已经过关的内容，促使"把关人"对自己的决定做出评价。他还举出了非常典型的例子：一家通讯社发出的新闻稿，在经过层层主管人员的"把关"后，大约98%的内容被删掉了。要研究关于信息过滤的原因，必须联系传播者（含编辑主体）传播目的的差异性、信息的差异性、受众的差异性。除此之外，对"把关人"的研究还必须将"把关人"的政治、法律、经济、社会、文化心理、传播组织、技术因素等的影响考虑在内。在传播把关的过程中，要考虑过滤信息的主要方式、制作信息的主要手段、传播信息的发布渠道和过程、传播所取得的效果等。

（五）传播体制论

传播体制论是传播学界较为流行的关于传播者研究的一种理论，对主体行为的研究更侧重从宏观的角度进行抽象的分析。无论是施拉姆的《报刊的四种理论》，还是批判学派的研究，都关注媒介的控制权、媒介的管理方式、媒介的服务对象等"为谁传播""为何传播""如何传播"的研究。从政治、经济、文化三个领域，对传播者主体进行了分析，也包括了媒介主体的传播活动。

编辑把关论和传播体制论是传播学家对有关编辑劳动方面的论述，显然对编辑劳动有所涉及，但未曾深入地讨论。

从前述编辑传播学的研究对象可以看出，编辑传播论显然具有取不同理论之长的交叉性、综合性、边缘性的特点。

编辑传播学属于普通编辑学的研究范畴，它的主要目的是超越不同媒体编辑传播劳动的个性，寻求各类编辑主体从事传播劳动所具有的共同特点、共同规律。也就是说，编辑传播学不是专为某一种媒体的编辑传播提供具体业务指导，而是从中总结了各类媒介，如广播、电影、电视等电子媒介，报纸、杂志等印刷媒介的编辑主体，传播劳动的共有特质。

第五章　编辑学与新闻学

如果说编辑行为（活动）和现象的出现具有厚重的历史积累的话，那么编辑学的形成和认定则是距过往历史相去不远的现代学科的体现。简言之，编辑学是一门新兴的综合性学科，它的发展历史不长，尽管它建立在编辑行为（活动）和现象基础之上，但对其进行科学研究，进而形成一门学问，是今人所为。编辑学是研究和揭示人类编辑活动（工作）原理、特点及其基本规律，并反过来更好地指导人们编辑活动的一门学科。对比新闻学的三大划分法，即新闻理论、新闻历史、新闻实务，编辑学根据自身的研究对象、研究内容和不同的编辑行为性质，也可相应划分为三大基本板块，即编辑理论、编辑史、编辑实务（业务）。

由于编辑行为产生于人类早期的书籍收集整理活动，后来以报纸为开端的新闻传播活动也需要编辑行为的介入，期刊出版物出现后，同样需要编辑行为参与才得以出版发行。因此，编辑学与新闻学一样，除了理论抽象之外，还带有明显的实践操作特性。随着大众传播物质载体种类的不断涌现，往日以书籍、期刊、报纸为载体的编辑活动，已发展到与广播、电视、网络、手机等的结合。报纸、广播、电视、网络等以发布、传播新闻信息为重要特征的大众传播媒介的运行，与编辑活动必然有机相连，形成了一门新的编辑学分支学科——新闻编辑学。显然，新闻编辑学建立在上述几个大众传播媒介的运转基础之上，它与书籍、期刊甚至后起的音像编辑不是从属关系，而是并列关系。如果期刊出版物中有一部分属于新闻性期刊，则新闻编辑学应将其划入自己的观照视野。

先明确什么是新闻编辑，然后方可界定新闻编辑学的内涵。根据"编辑"

概念内涵可知：新闻编辑是指在新闻传播活动中，对人们创作的新闻产品进行组织、选择、加工整理等具有创造性的优化处理，并使这些新闻产品得以批量出版和刊播的行为过程。

同样，新闻编辑学就是研究和揭示新闻编辑活动一般原理、特征及其基本规律，并反过来更好地指导新闻编辑活动的一门理论性分支学科。

在这里，有必要区分两个基本概念，即大众传播媒介和新闻传播媒介。大众传播媒介指能增殖信息并向广大受众传播信息的物质媒体，主要有报纸、杂志、书籍、广播、电影、电视、网络等；这些媒介中的报纸、广播、电视和网络又以大量传播新闻信息为显性特征，被称为新闻传播媒介。可见，大众传播媒介的外延要大于新闻传播媒介外延，大众传播媒介种类中的绝大多数杂志、书籍、电影一般不传播新闻类信息，只传播其他类信息。当然，被称为新闻传播媒介的报纸、广播、电视和网络也并不全部传播新闻信息。事实上，新闻信息在这四大媒介运行过程中只占有较明显的部分，并不是全部。例如，报纸中的副刊版、理论版上的信息基本上属于非新闻性的信息；电视中非新闻定位的频道播出的信息也不带有任何新闻色彩；网络中大量散布着商品广告、文学作品、生活常识和影视节目等非新闻性信息，人们出于习惯认识，认为新闻信息的获得主要依靠报纸、广播、电视和网络，所以称这几大媒介为新闻传播媒介或新闻媒介。在一般意义上，凡提及新闻媒介，则主要指报纸、广播电视和网络。严格说起来，新闻性杂志（期刊）也属于新闻媒介，只是它们的种类与影响不及报纸、广播、电视和网络那么繁多和普遍，故时常被人们搁置一旁，鲜少听人提及，但它们的存在价值不可低估。当今世界上也有一批有重大影响力的新闻性期刊，如美国的《时代》周刊、德国的《明镜》周刊、我国的《瞭望》周刊等。因此，就人们的习惯和现实状况而言，从属于大众传播媒介家族中的报纸、广播、电视和网络通常又被称作新闻媒介。操纵、运行这四大媒介的报社、电台、电视台和网站被称为新闻媒介组织，或媒介机构，或新闻单位。但就社会组织角度而言，通讯社无疑也是一个非常重要的新闻单位或称为新闻媒介机构，因为它以采集发布新闻信息为核心职能。但通讯社发布新闻信息的媒介平台还需要借助报纸、广播、电视、网络、新闻性期刊或其他电讯技术。有的通讯社建立起自己的报纸、网络和期刊，甚至电视这类新闻信息发布平台。如此看来，通讯社属于一种特殊的新闻媒介，也是一种较特殊的新闻媒介组织。

第一节　新闻学概述

一、新闻学的定义

新闻学是研究新闻事业和新闻工作规律的科学，是以人类社会客观存在的新闻现象为研究对象，重点研究新闻事业和人类社会的关系，探索新闻事业产生、发展的特殊规律和新闻工作的基本要求的一门科学。

新闻学的中心议题是客观社会的诸条件对人类新闻活动的决定、支配作用，以及新闻活动对社会的反作用。

新闻学有广义和狭义之分，广义的新闻学指的是新闻学科，包含三个方面的内容：一是历史新闻学，主要研究新闻活动、新闻事业和新闻思想发展的历史；二是理论新闻学，主要研究新闻学的原理；三是应用新闻学，主要研究新闻业务活动的原理和技巧。狭义的新闻学指的则是理论新闻学。

二、新闻学的研究内容

新闻学是研究新闻现象的本质，揭示新闻活动规律的一门独立的学科。新闻学的研究内容大致可以分为理论、历史、应用三部分，即理论新闻学、历史新闻学和应用新闻学，这三者共同构成了新闻学的学科体系。

（一）理论新闻学

理论新闻学，又称新闻理论，是从理论上系统研究和总结新闻现象、新闻活动和新闻事业规律的学科。新闻理论主要是用来总结、阐明人类新闻活动、新闻事业的基本规律，它从新闻实践中抽象出来，同时又反过来指导新闻实践。新闻理论的研究对象是人类社会的新闻现象和新闻活动。新闻现象包括产品形态和产业形态，也就是通常所说的新闻报道和新闻事业。新闻活动既包括新闻传播行为的运行过程，也包括社会公众对新闻信息的接受和反馈过程、新闻事业与社会环境相互作用的过程，以及新闻学术研究和新闻人才培养的过程。

（二）历史新闻学

历史新闻学，又称新闻事业史、新闻史、媒介史，是指研究新闻事业发生和发展的历史过程及其演变规律的科学。历史新闻学是新闻学的史学部分，也是新闻学与史学的交叉学科，它既提供理论科学的历史材料，又为当前的新闻工作者提供借鉴。

（三）应用新闻学

应用新闻学主要研究与总结各类新闻业务活动的方法技能，即探讨如何有效开展或实施新闻采访、新闻写作、新闻编辑、新闻摄影、报刊发行等新闻实践活动。随着时代的发展，媒介管理与经营越来越受重视。从宏观上看，可用于研究国家的新闻法规、新闻政策及国家对媒体的宏观管理；从微观上看，可用于研究媒介内部的管理机制、媒介的受众市场，以及媒介的经营方针等。新闻业务及媒介管理与经营同属应用新闻学。

理论新闻学、历史新闻学和应用新闻学这三个部分共同构成一个不可分割的整体。如果只有理论、历史，没有实际应用的新闻业务部分，新闻学就失去了它的本质特点和价值；但如果只有实际应用的新闻业务部分，没有理论、历史，那么新闻学只能使人"知其然而不知其所以然"，难以揭掉新闻学"有术无学"的标签。在新闻学研究中，新闻史是基础，新闻理论是核心，新闻业务是新闻学研究的落脚点，因为所有新闻学研究都服务于新闻实践。新闻理论不能代替采、编、摄、录、播等具体的新闻业务，但是它对具体业务有指导意义，是正确且有效地开展新闻工作的理论基础。

三、新闻学的发展历程

17 世纪末，在德国的几所大学里，有人以报业为研究对象撰写学位论文。20 世纪，美国将新闻学作为一门独立的学科进行研究并产生较大影响。后来，新闻学由外国传教士传入中国。

我国形成与建设新闻学，主要有两方面原因，一方面是我国新闻事业实践的必然要求，尤其是北京大学最早开始进行新闻专业教育，更需要系统化的理论知识结构的配套内容；另一方面是受到西方新闻学的重要影响。我国近百年的新闻学发展，主要经历了以下四个重要阶段：

（一）孕育期

1840 年以后，早期报刊开始在我国兴起。一些著名报人在从事新闻实践的同时，也开始探讨新闻传播中的一些学术理论问题。其中有代表性的人物有王韬、梁启超、孙中山等。

王韬是我国近代报业的开拓者之一。1874 年，他在香港创办的《循环日报》，在我国新闻报刊史上有着非常重要的地位和影响力。他在办报实践中总结了许多报业思想并提升到理论高度，一些办报思想对我国新闻学的形成有着极为独特的贡献。

19 世纪 90 年代末，康有为、梁启超等人十分看重报刊的政治宣传和社会舆论作用。他们不仅亲自办报，还在新闻理论的建设上形成了许多重要的思想和主张。康有为十分重视报刊的宣传作用，另外，他还提出了党报观念。

（二）诞生期

新闻学诞生的根本标志就是学术专著的出版，还要有常规的研究机构、学术阵地和成果平台。与西方相比，我国近代新闻事业的发展相对落后，所以对新闻的研究也晚于西方各国。在新闻学的初创阶段，一些重要的新闻思想的提出，大都受到西方思想的影响，一些有关新闻学的译著对我国新闻学产生一定的借鉴意义和直接影响，在这一时期，有的学者认为我国的新闻学是"学从西方来"。西方新闻学对我国新闻学诞生的影响是多方面的，尤其对早期的新闻专著的著者们，以及直接参与了当时新闻学教育和研究的学者们，他们基本上都曾是留学海外的饱学之士，大多接受过西方的系统教育和思想影响。

1917 年，北京大学开始讲授新闻学课程，成为国内最早讲授新闻学课程的高等学府。1918 年 10 月 14 日，北京大学新闻学研究会成立，它是我国第一个新闻学研究团体，也是我国新闻教育的发端。1919 年，北京大学新闻学研究会创办了新闻学术刊物《新闻周刊》。自此，中国在学科意义上的新闻学研究和新闻教育正式开始，新闻学作为一门专门的学说也就在中国初步形成。

随着高等学府中新闻教育和新闻学研究的兴起，一些新闻学专著也很快相继问世。1919 年，徐宝璜的《新闻学》出版，这是我国第一部理论新闻学著作；1923 年，邵飘萍所著的《实际应用新闻学》是我国最早的新闻业务专著；1927年，戈公振的《中国报学史》出版，这是我国第一部历史新闻学著作。至此，中国新闻学形成了较为齐全的学科体系，从而标志着中国新闻学达到了初步成熟的程度。

20 世纪 30 年代到 40 年代，中国出版新闻学著作达到 100 多种，基本跟上了世界新闻学的发展步伐。

（三）缓滞期

从 20 世纪 40 年代至 50 年代中期，马克思主义新闻学在我国产生和发展，这一时期无疑成为中国新闻学史上的一个重要阶段。马克思主义新闻学是马克思主义理论体系的一个组成部分，马克思主义新闻观是马克思主义新闻学的核心，是马克思主义创始人和其他经典作家关于人类新闻传播活动,新闻传媒生产、流通、消费行为的主要观点。1949年，中华人民共和国成立，通过向发达国家和地区不断学习，我国的新闻事业取得了一定成就。此后，受特殊历史因素的影响，新闻事业受到一定干扰，经历了比较曲折的发展过程。

（四）繁荣期

改革开放后，我国的各个领域发生了全面而深刻的变化，新闻事业和新闻学发展也逐渐走上正轨。自1977年以来，我国的新闻学研究出现了前所未有的繁荣景象。主要体现在以下三个方面：

第一，专门的新闻研究机构和学术交流团体相继成立并迅猛发展。1978年，中国社会科学院新闻研究所于北京成立，这是我国第一个由国家建立的新闻研究机构，其主要任务是研究、探索新闻工作的规律，完善有中国特色的社会主义新闻学体系。不久，各地的新闻学会陆续成立，1984年，首都新闻学会发起成立中国新闻学会联合会，宗旨是组织和推动全国新闻界的学术研究，对新闻理论、新闻实践、新闻事业史、新闻干部培训等方面的问题进行探讨，组织国内外新闻学术交流，促进社会主义新闻事业的发展与繁荣。使得我国的新闻学发展有了可靠的组织方面的保证。

第二，学术研究空前活跃，以由中国社会科学院主管，中国社会科学院新闻与传播研究所主办的《新闻与传播研究》等为核心的学术刊物，成为重要的新闻学研究平台，全国各省、市及高等院校也纷纷创办了新闻研究期刊。

第三，专家学者之间的学术交流活动也日益频繁。从20世纪80年代初开始，传播学的引进在极大程度上拓宽了我国新闻学研究的眼界和思路，在丰富和更新我国的新闻观念方面起到了非常积极的作用。

第二节　新闻编辑学与相关学科

新闻编辑学是编辑学和新闻学的交叉学科，但又不局限于这两个学科。例如，新闻编辑学还常常会运用逻辑学、心理学、社会学、修辞学、美学等学科原理来整理图文、制作标题、表达思想、传播信息，新闻编辑学与这些相关学科具有紧密的联系。

一、新闻编辑学与新闻学

新闻学的主要研究对象是新闻事业，它包括报纸、广播、电视，以及新媒体等在内的新闻传播事业。它以新闻事业为主，同时又涉及一切新闻活动或新闻现象。具体来说，新闻学主要研究新闻及新闻事业的产生和发展，新闻事业的性质、特征和功能，新闻事业和各种社会现象之间的关系，以及新闻道德和新闻工作者的修养等。

应用新闻学属于广义的新闻学，新闻编辑学属于应用新闻学范畴，它与应用新闻学中的其他学科存在一定的交叉性。

新闻编辑学主要以新闻报刊的产生和形成过程为研究对象。由于新闻的产生和发展，与社会物质资料的产生和人类生存的需要紧密相关，因此新闻编辑学研究的范畴必然随着人们物质生活和精神生活的变化而不断地丰富和发展。可以预见，随着信息技术革命带来的信息传播媒介及手段的进步和改革，电子报纸、网络新闻等一系列与现代信息技术相联系的新的新闻传播媒介和方式的诞生，以及人类社会对新闻信息需求的发展和变化，新闻编辑学的研究必将朝着更加深刻与广泛的方向发展。

二、新闻编辑学与编辑学

关于编辑学的定义，如同对编辑的界定一样，历来众说纷纭。编辑学的主要研究对象是编辑工作，从学科本质属性概括的角度来看，编辑学是研究编辑工作的性质、作用及其产生和发展规律的科学。按对象不同，编辑学可以分为报纸编辑学、图书编辑学、期刊编辑学、网络编辑学等，其内容包括理论研究、应用研究和历史研究三个部分。

新闻编辑不仅包括传统意义上的报纸新闻编辑、电视新闻编辑、广播新闻编辑、通讯社新闻编辑，还包括近些年随着网络的出现而崛起的新兴编辑门类——网络新闻编辑。新闻编辑无疑是编辑学研究的一个分支，编辑学研究中还包括其他非新闻编辑业务的部分。随着编辑学的不断完善，新闻编辑学也在不断发展。

三、新闻编辑学与其他相关学科

对于新闻编辑学的研究，应当从新闻的特质、编辑的信息，以及知识所涵盖的内容进行考察，新闻编辑学具有渗透性、交叉性、跨越性和覆盖性等特征。新闻的内容会涉及社会生活的方方面面，对于新闻"把关人"之一的编辑来说，必须掌握尽可能多的相关学科的知识。从编辑业务来看，可能会涉及的相关学科包括信息论、文化学、语言学、文学、心理学、传播学、逻辑学、艺术学、写作学、美学、系统论、控制论等。从能力要求来看，编辑要尽量培养自身的辩证思维能力和创新能力，从而能够全面、客观地看待新闻事件。

逻辑学在新闻编辑过程中的应用，可以说是随处可见的，它不但应用在每一篇文章的正文里，同时也应用在标题制作和新闻处理上。例如，当同类新闻发生时，要将其整合；新闻版面的区分，标题次序的排列，文字的语气、语意和文句层次等均要符合逻辑。更为重要的是，逻辑是指导人们认识世界的思维规律，重视逻辑是保证新闻传播准确性的基本前提。新闻本是客观事实的主观反映，是传播者运用逻辑思维认识后表达出来的。缺乏自觉按照逻辑规律来审视、制作新闻的意识，会使得新闻的意义出现模糊甚至错误。

同样，新闻媒介是舆论导向和教育工具，为了使阅读的人接受，新闻编辑必须洞悉读者的心理，这样才能更好地参与新闻编辑，做出符合大众阅读习惯和兴趣的新闻。因此，心理学中的很多法则和原理，正是新闻编辑学要应用的。

新闻编辑学和其他社会科学也有极密切的关系。例如，在处理政治新闻的时候，要涉及政治学；在处理经济新闻的时候，要运用经济学；在处理军事、文教、体育、社会新闻的时候，更要有军事常识，文化素养，体育知识，刑法、民法的概念。因此，新闻编辑学是与社会科学密切相关的一门学科。

可以说，相对于新闻媒体其他专业分工来讲，编辑是学科跨度最大、内容涉及最广的工作种类。随着信息社会与知识经济时代的到来，以及信息知识的社会化、生活化、网络化，新闻编辑特殊的职业品格也将越来越突出。

第三节　大数据思维下的新闻编辑学

一、大数据时代编辑思维方式的转变

维克托·迈尔-舍恩伯格和肯尼思·库克耶在《大数据时代》中指出，大数据开启了一次重大的时代转型，他们共同认为，大数据正在改变人们的生活，以及理解世界的方式，成为新发明和新服务的源泉，而更多的改变正蓄势待发。书中还提到，大数据时代带来了重大的思维转变。在这个以 3V（Volume 海量、Velocity 高速、Variety 多样）为特征的时代，新闻编辑的思维方式也不可避免地会受到影响。

（一）开发数据视觉化思维

维克托·迈尔-舍恩伯格和肯尼思·库克耶认为，大数据时代与三个重大的思维转变有关。其中的一个转变，就是要分析与某事物有关的所有数据，而不是依靠分析少量的数据样本。大数据宣告了抽样的"消亡"，因为大数据强调的是"全数据模式"，即"样本=总体"。这将对编辑的思维模式产生以下两个层面的影响：

第一，宏观思维。这要求编辑工作者善于利用专业人员挖掘的大数据来策划报道、设计版面，而不再仅仅依靠传统的问卷调查和街头拦截访问的"精确新闻学"理念。

第二，整合思维。大数据带来的信息一方面是海量的，另一方面又呈现出信息密度低和不易提纯的缺点，这必然带来信息的冗余和混乱。编辑工作者必须更加注重对碎片化信息的整合，在对信息把关过程中强化"把关人"的过滤、降噪功能，同时重视数据的视觉化，力求用更直观、更生动的形式呈现新闻中的大数据。

（二）重视关联性思维

在大数据时代，人们的思想发生了转变，不再探求难以捉摸的因果关系，转而关注事物的相互关系，这一思维方式对编辑工作不无启发意义。编辑工作的核心是根据文本的不同类别"编次其事"，以使"辞之辑矣"。无论是稿件编辑中的"稿件配置"，还是版面设计中的"空间组合"与"反组合"（分立），体现的都是一种关联性思维。在报纸编辑转型为多媒体融合编辑的条件下，处理多媒体文本更需要运用关联性思维，以便利用不同形态的文本之间的某种联系，构建（组合）或解构（反组合）其中的关系，并通过诉诸视觉而呈现出某种意义。

（三）预测性思维

大数据的关联性思维同时也是一种预测性思维。正如《大数据时代》一书中所说，"通过找到某一个现象的良好的关联物，相关关系可以帮助我们捕捉现在和预测未来。""建立在相关关系分析法基础上的预测是大数据的核心。""通过找出一个关联物并监控它，我们就能预测未来。"编辑学中有关"新闻报道策划"的内容，就是基于对事物发展方向的判断，从而谋划出公众关注的报道。如果说以往编辑能做到荀子所说的"坐于室而见四海，处于今而论久远"是基于人生的直接经验和间接经验，那么在大数据时代，编辑的预见性则主要来自对大数据的分析。将事物的关联性作为预测未来的基础，可以启发新闻策划更多地关注文本和社会现象之间的相关性，策划出更有社会意义的报道，编排出更具传播效果的版面或专题栏目。

但是，大数据思维并非条条都是金科玉律。比如，《大数据时代》一书中有这样的表述："执迷于精确性是信息缺乏时代和模拟时代的产物。""只有接受不精确性，我们才能打开一扇从未涉足的世界的窗户。""当我们试图扩大大数据的时候，要学会拥抱混乱。"对认知科学和"精确新闻学"来说，这些表述具有一定的辩证色彩，但是对于一向以追求精益求精、一丝不苟的编辑工作来说，"接受不精确性"和"拥抱混乱"则是与"校对如校雠"的编辑精神背道而驰的。

此外，大数据研究者认为，世界的本质是数据的。但对编辑工作者来说，只有数据是不够的，重要的是如何将其条理化、视觉化。因此，需要辩证地看待大数据思维对编辑工作的适应性，而不能不加分析地进行"横的移植"。

二、大数据与媒介融合背景下的编辑课程改革

大数据给报业带来的最直接的影响就是报业转型。2005年，中国的新闻出版业开始了全行业的数字报业探索，其本质是"用数字技术改造传统报业，实

现传统报业体制、流程与形态的再造"，"媒介融合"成为数字化报业转型中的一个关键词。

在大数据时代，数字报业和媒介融合成为业界共识，我国的编辑学课程名称与授课内容几经改变。例如，清华大学新闻与传播学院编辑学方向的课程，就从最初的"编辑原理与业务""报刊编辑"改为"新闻编辑"和"高级新闻编辑"，授课内容也从图书、报纸、网络编辑各自为营，转变为以平面媒体为主、涵盖广义媒体编辑工作的新闻编辑学。根据最新的媒介融合规划，将各种媒体编辑融为一体的融合编辑学改革也已箭在弦上。大数据思维和媒介融合背景下的编辑学课程，应当满足以下要求：

（一）延长传统的"新闻编辑链"

在大数据的整合思维下，业界的全媒体编辑部致力于打破原有的媒体壁垒，在一个编辑平台上统一调配新闻资源。在未来，完全意义上的媒介融合，则是利用云技术，实现"一个平台汇集、一个平台呈现、两个平台桥接"，即在全媒体编辑平台上实现成品汇集之后，在另一个多媒体平台上动态地呈现融合新闻。在这个网络平台上，以纸张为载体的媒体、大众传播媒体的物质形式，将让位于其品牌符号，成为两个平台桥接的媒介。

适应大数据"重关联"的思维方式，新闻编辑课程的授课内容应将传统编辑环节向前后两端延伸。向前是指通过实践教学，将编辑学的选题、策划等教学内容延伸到新闻现场，并通过现场采写，锻炼学生的"编辑意识"和现场策划能力；向后是指将采、写、编、评的新闻业务链延伸到融合新闻和评报（节目评价），建立完善的"新闻编辑链"，实现新闻业务之间的融合。

（二）刷新编辑学的研究客体

将云技术产物，如云报纸、云电视等新的媒体形态引入编辑课堂，能拓展编辑学的视野和授课内容。例如，在云报纸的前端展示纸质的报纸形态及编辑技巧，在后台演示版面上的新闻如何融入多媒体"融合新闻"并保持数据更新。

这些新的编辑客体的引入,一方面可说明报纸数字化转型中的融合与创新;另一方面也可以探讨报纸的外延,以及经营好报纸品牌对于延伸报纸产品链的意义。

(三)实现新闻编辑与史论的融合

为改变以往的新闻业务与新闻史论割裂框架下的编辑学"孤岛"现象,可以通过报纸"书报刊合——单面印刷—双面印刷—分叠厚报—黄金瘦报"的实物展览,对比完全脱离了以纸张为载体的媒体介质的"网络原生报"等网页,让人们直观了解报纸的形态演变及"报纸消亡论"的由来,了解媒介演化规律和补偿规律,判断报纸的未来发展方向。

(四)实现从重方法到重创意的转移

传统的编辑学教学比较重视培养学生的实际操作能力,如一步步地指导学生画版样、电子排版或进行音视频的剪辑。大数据时代应训练学生将多媒体文本编辑成"融合新闻"的创新能力,以适应新媒体时代"由用户创造内容"的需要。在这方面,新华社的"集成报道",《纽约时报》《华盛顿邮报》和《卫报》的"融合新闻"堪为经典案例。

三、大数据思维下新闻编辑学的改革

新闻编辑学是一个开放、创新的系统,为适应大数据时代媒介融合的需要而进行改革,无疑具有现实意义。但是,这并非意味着要把传统编辑学的精华改掉,而是要在此基础上,"增益其所不能",这主要体现在以下三个方面:

一是编辑的"把关人"角色。大数据时代的信息传播以碎片化为特征,自媒体的兴盛弱化了编辑的把关功能,凸显了编辑在处理融合新闻时的信息提纯与整合角色功能;后现代文化背景下出现的"反中心""反主流"倾向,颠覆了传统价值观,需要编辑利用多媒体"版面语言"予以疏导。

二是严谨细致的编辑作风。一个信息开放的社会给不理性的人带来"信息过度窄化"的问题，大数据时代会使不理性的人更不理性。生活节奏的加快和碎片化的信息呈现方式，加重了受众仓促"解码"信息的倾向，他们无暇顾及大数据时代所尊崇的关联性；融合新闻以多文本的形式呈现新闻，如果组合不当则容易造成多义性，甚至使文本彻底偏离原义。因此，大数据时代的编辑学课程，仍有必要弘扬"校对如校雠，灭错如扫尘"的编辑精神。

三是批判性思维。美国学者 R.保尔断言："批判性思维应当构成 21 世纪教育的本质性基础。"新闻编辑的课程设置重在通过增强新闻选择、新闻价值判断和批判性思维能力，使学生的新闻信息分析、呈现和评判能力有所提高，使即将走向编辑岗位的学生在面对大数据时有所反思、有所质疑，避免对大数据只有接受、没有批判的单向度思维。

第六章　编辑学多学科性对编辑工作者的要求

第一节　编辑学兼容性特征与多学科扩张

从 20 世纪 80 年代起，我国编辑学理论的研究有了很大的进展，国内高校先后开设了编辑学专业，培养了大量的人才，对我国科学文化知识的积累和传播发挥了巨大的作用。但是，编辑学是一门独立的、年轻的综合学科，理论发育还不完善，某些方面还处于童稚阶段。特别是我国加入 WTO（World Trade Organization，世界贸易组织）后，不仅应在经济上与世界接轨，自然科学和人文科学也应走在世界的前列。因此，编辑学理论应加大渗透性的扩张研究力度，开拓编辑学理论研究途径，逐步形成适合中国特色社会主义的完整的编辑学体系。

一、编辑学兼容性特征

人类对真理的认识，总是由感性阶段到理性阶段，反映客观世界的整体，表现为知识的整体化、综合化；深入地去认识事物的本质特征，表现为知识物化的专门化、分化，文化的活动同样遵循这一法则。20 世纪末，在科学分化的基础上，学科之间相互交叉、渗透，使科学成为一个有机联系的整体。综合学科的出现、横断学科的诞生、管理学科的发展、信息科学的崛起，形成了综合学科的自身体系，学科的综合化进程构成了现代科学发展的重要趋势。从这个意义上说，编辑学的学科相互渗透性的扩张研究，也是编辑学构筑的一个机遇。因此，对编辑学的物质运动形式和形态的研究不应是孤立的，而应打破学科的封闭状态，借助不同学科的精髓、研究方法、手段，与研究的个体对象结合起来，形成编辑学理论研究的多层次网络结构。

从科学的整体统一性和发展的逻辑性考察编辑活动会发现，它的覆盖面很广，兼容性的基本特征鲜明。兼容性是指编辑学可包容文理学科的众多有用资源，"为我所用"，借此生长。

（一）主体性兼容

编辑活动是由特定的社会组织形式组成的一种社会文化的活动系统，它由作者、编辑、读者、印刷者、发行者等几个群体构成一个完整的传播体系，每一个群体都可以成为传播系统中的子系统。编辑部（出版社）是编辑活动的主要组织形式，是非常重要的主体之一。编辑工作的每个环节都是复杂、艰苦、隐性的劳动，如组稿、选题、审稿、加工、装帧设计、校对等编辑环节，就是编辑理论与具体编辑实践活动的结合。任一环节不完善，都会破坏主体的完整性；在编辑队伍建设中，对编辑活动理解肤浅、偏颇，都会造成主体的破损。这种破损有的是暂时的，有的是长远的，有的是精神的，有的是物质的，总之是对编辑工作的否定或变相否定。编辑本身没有悟出编辑工作"复杂、艰苦、隐性"的特点，这是主体不完整性的主要因素。这种观点是自我否定，需要渗透多学科理论加以完善。主体的"隐性"特点，可用美学的"善"来分析或描述，如"为人作嫁衣""甘当无名英雄"等。编辑道德观的接受度是兼容的，这种兼容是高层次的主体兼容。从信息论、控制论的角度分析，编辑活动可归纳为信息输入、信息处理、信息输出、信息反馈等四个程序，这一主体又受到积累的科学文化、读者要求，以及出版宗旨、方针的制约与影响。编辑活动本身不是孤立的，它与政治、经济、教育、生产实践等活动密不可分，可以说，编辑活动是一个与多学科具有严密逻辑联系的主体。

（二）横断性兼容

编辑学的横断性兼容，首先表现在它的研究内容和对象上，编辑学与许多学科有共同的客观过程和构成物。例如，社会学是一种探讨社会活动的学问，研究人与人之间的交往关系，"人际关系"成为编辑学和社会学两个学科所共有的构成物；道德社会学是社会学的一门分支科学，它把道德视为一种社会现象，探讨道德规范在不同社会经济关系和不同社会形态中的形成和发展，以及道德的社会评价、社会作用等问题，"编辑职业道德"成为编辑学理论与道德社会学的构成物。社会条件影响编辑道德的产生和发挥作用，编辑道德在内部和外部协调人的行为中的作用及规律，编辑道德制度化、编辑道德规范和原则同社会道德、原则相适应的程度等，都是"编辑职业道德"构成编辑学理论与道德社会学的表现。此外，哲学、心理学、历史学、系统论、协同学、决策科学、人才学、文章结构学、语言学、修辞学，以及研究信息传播的信息学、传播学、符号学、历史学等，都有与编辑学连接的内核和发育的土壤。实际上，一个学科的研究对象成为另一个学科的研究对象，它就构成一个特殊的横断面。此外，编辑学的横断性兼容还表现在它的研究方法和工作特点上。任何一种学科，其知识都需要物化，目的是出版、传播和积累，为人类所利用。编辑在对文化积累进行选择时，充当"把关人"的角色，编辑威严而高尚的权威就体现在这里。对知识物化进行审编加工，这就显现出编辑活动有横断兼容各学科的特性。

（三）独立性兼容

编辑学与其他学科有许多共性，但它作为一门独立的科学存在，有它自己独特的内容和客观规律性。一切科学在时间上都有继承性、积累性，在空间上都有传播性。编辑学在与别的学科相互渗透兼容时，它只是借助其他学科提供的理论、概念、思维方法、论证技巧，丰富自己的要素、结构、功能、组织，进而发展编辑学理论。

（四）实践性兼容

编辑学是一门研究编辑活动规律和文化积累、传播的学问，它以编辑过程为主要研究对象。从表面上看，编辑过程并不复杂，实际上，每个环节都是树形结构，人们应摒弃"单一营养"，多施"复合肥"，这样每个环节才能成为"参天大树"，如编辑过程的第一环节，即选题，就是关系到编辑活动质量的重要问题。与其他学科相比，编辑活动的实践性很强。编辑的实践是一个动态化的过程，这个实践过程是一个特殊形态的生产过程，受时代的政治、经济、文化的制约。只有坚持实践的观点，将多学科精华融入其中，才能深刻理解编辑学理论的各个基本问题。

探索编辑学兼容性特征的问题，有利于开拓编辑学研究的思路，更新理念。主要体现在以下三个方面：

第一，更新对主体的认识。在过去一段时间里，编辑学只注重编辑过程的研究，只盯着文稿，考虑文稿的学术价值和质量，忽视了对人（编辑、作者、读者）的研究。编辑活动既然是社会文化活动，必然会具备错综复杂的社会联系，这种社会联系包括编辑与同时代的政治、经济、文化等方面的联系，与作者现在和将来的联系，与印刷者、发行者的联系。这些联系，最后集中体现在编辑与作者、读者的联系上。传播科学文化的目的在于使人类掌握、利用知识。如果读者拒绝接受或社会不认可编辑创造的文化，编辑工作就会失去意义，这里的编辑和作者显然也是多余的。研究人员要借助社会学、心理学等学科的研究方法，突破传统的编辑学研究观念。

第二，更新对编辑劳动的创造性认识。编辑工作的职能是凝结、传播、积累人类的科学文化知识，传承人类文明，编辑劳动的创造性过程实际上是信息智化的过程。编辑通过对文稿内容进行研究和分析，对文字进行精确的选择加工，使文稿以最佳形式出版，并在评价、分析、比较的基础上，对文稿的优劣做出评判。目前，一些人只是片面地理解编辑创造性工作，或贬低、轻视编辑创造性劳动的重要性，而编辑本身也很少跳出固定的思维模式，限制了编辑学理论研究的视野，这种思维的局限性阻碍了编辑学理论研究上的突破。编辑劳动的创造性，要区分创造作品和创造文化知识。编辑是专门从事文化创造的人，编辑劳动是文化生产不可缺少的一个重要环节。简言之，一篇学术文稿（书稿）按出版要求，要经过编辑反复修改加工，付印前又多次校对才出成品，为社会所认可，这是一种再创造。例如，《资本论》影响了世界历史发展的进程，成为改变历史面貌的巨著，但如果没有恩格斯付出艰辛的编辑劳动，《资本论》就不可能成为一部完整的政治经济学巨著。因此，没有编辑的创造性劳动，就不会有具有文化价值的作品问世。

第三，更新对编辑学研究方法的认识。在编辑学研究方法方面，有人应用典型分析法和经验总结法，有人用类比法和哲学法。编辑学作为一门新兴学科，人们暂时还未对其理论体系和结构产生统一的认识，而对编辑学研究方法的认识，还停留在感性阶段，停留在对以往传统经验的总结上，未上升到高层次的理论概念上来。编辑学的研究方法要更新，综合法和思维法不可忽视。

综合法，即在新的层次结构上，把分析与综合的方法辩证地统一起来的方法。借鉴自然科学、社会科学、思维科学在长期发展中形成的研究程序和论证方式，结合编辑学的特点，从根本上改变现有的研究方式，使编辑活动的自然过程、社会过程、审美过程的本质纯粹地表现出来，对其进行科学的抽象和概括，从而形成新的编辑学研究的理念和规范。这样可以保证编辑学理论既有本身的逻辑连贯性和一致性，又成为一种可以接受检验的形式，从而确定编辑学理论与实际相符合的程度，以及理论适应程度的范围。

思维法，即历史性的纵向思维和共时性的横向思维方法。纵向思维着重从事物发生、发展的历史进程和发展趋向方面动态地把握事物；横向思维着重从事物的横向扩展方向思考和把握事物，揭示事物存在的范围、区别、联系，以及事物内在的逻辑。在研究编辑学时，可以坚持客观性、辩证性、立体性原则，突破已有的眼界，进行辩证的思维分析，避免犯主观性、单一性的错误。

二、编辑学多学科扩张

编辑学要确立自己的学理,开展多学科扩张研究。在多学科研究编辑学理论状态下,各理论知识领域的可利用性程度,对能否获得编辑理论研究成果关系重大。一些编辑工作者利用本身知识结构的优势,像章鱼一样把触角伸向关联学科,对编辑学理论进行了扩张性研究。

(一)从文化的角度研究

人类通过图腾、宗教、劳动等一点一滴地形成了精神创造成果,继而逐渐转化为文化符号。这些文化符号经过日积月累的实践、改进、传播,形成了世界各民族文化。在文化积累、传播的历史长河中,人们发现编辑工作与文化之间存在密切关系。我国古代的司马迁、孔子、刘向等人,都是无可争议的积累和传播文化的人,那么积累和传播编辑文化的规律是什么,有哪些环节发挥作用,这是编辑学理论研究的课题。实践是文化生产的过程,而具体的编辑工作过程,则是人们在社会文化建构和文化传播中的一系列工程建设。编辑对人类的精神产品进行审读、加工、整理,按照一定的思想取向、阶级法度编辑成册,构建成社会传播科学文化体系,这是当代编辑工作的规律。因此,编辑学研究的重点,正是人类运用文字、图像等符号系统进行文化建构和文化传播的规律。

(二)从史学的角度研究

编辑工作本身及它所具有的社会联系,都是具体的和历史的现象,处于不断运动和发展的过程之中。因此,必须结合具体的历史环境去研究编辑的产生和发展,借鉴历史经验,对编辑活动的产生和发展过程进行动态把握,从史学的角度实事求是地评价编辑在文化生产中的地位、作用和价值。论述编辑活动的特点、方法、原则、编辑思想、编辑事业的成就和经验,要分析编辑活动与著述活动的联系。

（三）从教育学、人才学的角度研究

编辑的社会教育和终身教育，是编辑学研究中的一个重大问题。如果仅着眼于具体的编辑过程的研究，并不能有效提升编辑的综合素质。即使具备了相应的学历，也不能说明具备了做好编辑工作的能力，还需经过编辑学知识的系统学习及工作实践，才有可能成为一名合格的编辑，对进入传播系统的文化把好关。因此，有必要从教育学、人才学的角度来建立编辑终身教育体系，从诸如编辑教育管理机构、办学形式、专业课程设置、人才培养等方面来研究编辑教育学、人才学发展的方向和对策。

（四）从经济学的角度研究

随着社会主义现代化改革的深入，编辑出版工作的经济效益问题引起人们越来越多的关注。如何处理好社会效益与经济效益的关系，是涉及党的出版方针的重要理论问题和实际问题。在任何情况下，都要首先考虑思想建设和文化建设的需要，坚持社会效益优先。

从经济学的角度探讨围绕编辑活动发生的一系列经济规律和经济关系，也是十分重要的研究方向。编辑活动是一种物质经济活动形式，在市场经济条件下表现为商品生产活动，商品经济的基本规律是价值规律，必然会在编辑活动中发生调节作用。一定程度的经济发展，不仅会使社会文化系统中的文化传导在多种因素综合作用的联系中得到发展，也会使与之相应的编辑活动呈现自己的色彩。

（五）从社会学、心理学的角度研究

我国加入 WTO 后，人们物质生活的日益丰富，使人与人之间的关系更加微妙。作为社会文化活动的主体，编辑、作者、读者这三者的关系既是统一的，又是矛盾的。每位编辑在编辑工作过程中都要处理好人际关系，运用心理学、社会学知识去分析、研究和解决人际关系问题是一个有效途径。同样，也可将编辑行为放在社会诸关系中，进行开放式的思考和研究，探讨编辑在大众传播

中的地位和作用，如借用心理学、社会学、传播学的概念，研究编辑、读者、作者之间的关系，从而丰富编辑学理论研究的内容。

（六）从工艺学的角度研究

各种稿件上的术语、符号越来越多样化、复杂化，而语言结构出现的复杂现象，给科学文化的传播带来了一定的困难。出版物要求体例统一、文理顺畅、符号准确，要克服知识性、习惯性、语法以及心理因素引起的失误，这必须从工艺学的角度来考虑编辑的规范化原则，深入研究编辑工作流程，达到标准化、程序化、规范化。其中，规范化是编辑学多学科研究的一个基本理论问题和实践问题。为了提高编辑理论的清晰度和预见性，借助工艺学来探索编辑学的形式化和数字化是必要的，它有助于编辑学理论研究更有条理。

三、编辑学理论研究群体的多学科扩张途径

编辑学既是一门独立的学科，又具有综合的特点，它是横跨社会科学、自然科学、思维科学和管理科学之间的综合学科。构建编辑学理论体系，应打破专业、学科的界限，使各学科之间相互渗透、交融。树立编辑学的科学精神，先决条件就是拆掉一切把编辑分离开来的人为的"栅栏"，以人为本，编辑学理论研究人员和职业编辑必须把整个科学文化看作一个系统来研究。

科学文化作为一个整体，它的变迁、进展速度极快，而编辑学科的发展，越来越受其他学科发展的影响。编辑学理论研究者由于知识结构、学识能力、基本素质上的差异，形成了不同的智能类型，表现出不同的才能。编辑个体对各学科的认识无论在广度上还是深度上都是有限的，这就突出了群体优势。毋庸置疑，一个优化了的群体结构产生的合力，会远远超过个体的力量。编辑学科研究群体应有共同的目标，每个研究者都应有广阔的视野，有目的、有计划地发挥个人特长及知识结构的优势，在专业、知识、专长等方面进行协调、互补，成员之间通力协作，激发出最佳群体效益。因此，建立合理的群体结构，

已成为编辑学研究的必然趋势。

　　学科知识的内在联系和规律，要求编辑学研究人员不仅有足够的知识储备，而且还必须具备对具体知识进行科学加工和创造性运用的能力。因此，编辑学多学科研究人员的培养应朝着"通才"的方向努力。向研究课题所需学科的定向渗透、扩张能力越强，其研究课题越有深度。所谓"通才"，不仅应具备扎实的编辑学知识，力争做一名编辑学者，还应掌握一两门其他专业的知识，不会对所涉及的专业感到陌生。这样才能运用综合方法论正确选择、判断某一学科知识，把握自己所追求的知识系统的整体价值，构建编辑学理论模型。

　　编辑在研究社会问题时，并不是孤立地同已经存在的对象打交道，借助不同学科的思想观点和研究方法，已成为编辑学的必要研究途径。编辑应多参加各种学术活动，了解各门科学的最新研究成果，获得学术研究信息，开阔视野，推动学术研究的发展。

　　恩格斯曾明确指出："恰好辩证法对今天的自然科学来说，是最重要的思维形式，因为只有它才能为自然界中所发生的发展过程，为自然界中的普遍联系，为从一个研究领域到另一个研究领域的过渡提供类比，从而提供说明方法。"辩证法为自然科学、社会科学提供了一种解决问题的思维方法，进行编辑学多学科研究已成为科学发展的必然途径。

第二节　学科编辑的"一专多能"

　　编辑工作是一种文化教育生产活动，既有知识性，又有学术性，有其自身的运行规律。若想把编辑工作做好，编辑人员不仅要具备较高的文化素质，还要有广阔的知识面，有较全面的专业知识结构。特别是学科编辑，更应该在学科中的某一专业上有一定的专长，能够开展具有一定深度的学术研究，不仅有处理一般性文稿的能力，还应有审阅学科专业文稿的能力，只有具备这样的"一专"与"多能"，才能在编辑业务上驾轻就熟。为此，本节试以教育期刊学科编辑实践为例，围绕"一专多能"型的学科编辑及其智能表现、应具备的素养谈几点看法。

一、向学者化的"一专多能"型方向发展

翻阅有关编辑学论著，尤其是在研究编辑学的刊物上，关于编辑是否应向学者化的"一专多能"型方向发展，学界一直存在着争论。这些争论主要集中在编辑是否需要学者化，以及编辑如何实现学者化等问题上。要明确这两个问题，首先要对"编辑学者化"提法的正确性加以界定，要明确回答编辑到底要不要学者化、如何实现编辑学者化这两个问题。学界普遍的看法如下：

（一）"编辑学者化"的提法是可行的

现代作家孙犁认为，编辑必须有学问、有阅历、有见解、有独到之处，应该成为学者或作家。由此可见，作为一名编辑人员，特别是一名学科编辑，其自身必须具备一定的学科专业知识和学术功底，甚至应该成为该学科的学者。学科编辑主要是指在出版社或期刊社编辑某门学科著作或学科知识内容的编辑，其主要特点是所要编辑的内容要与学科专业紧密联系。例如，数学学科编辑，可以是数学理论知识编辑、数学应用知识编辑、大学学刊的数学知识编辑、综合性教育期刊的数学编辑等。综合性教育期刊数学编辑又可细分为中学数学编辑、小学数学编辑等。在实际工作中，学科编辑不可能对社会科学或自然科学各学科都样样精通。因此，学科编辑要努力成为对某学科的相关专业、学科专业的某一内容有比较深入的研究，以至有自己研究成果的学者，"编辑学者化"的提法是可行的。

（二）学科编辑在知识结构方面要达到既"专"又"博"

学科编辑尤其是自然科学编辑，要达到既"专"又"博"，这是由学科编辑特殊的工作性质所决定的。学科编辑必须扎实地掌握本学科专业的理论知识，具有较高的专业知识水平，或者对该学科中的某些知识领域有比较深入的研究，这是学科编辑能够审阅学科专业稿件的前提，是"专"的表现。学科编辑的知识面与该学科专业研究人员相比，必须更宽、更广，这是"博"的表现。虽然学科编辑也有学科专业分工，但这种分工主要集中在专业性较强的专业期刊或某学科学术期刊上。综合性教育期刊的编辑人员专业分工并不明显，所以只能进行一些初步的分工，这就要求综合性教育期刊学科编辑必须既"专"又"博"，否则难以适应编辑工作。学科编辑知识结构上的"博"，是指学科编辑要掌握编辑学基本理论和实用方法，精通编辑业务知识，如选题策划、组织稿件、审阅稿件、稿件加工、稿件照排、稿件校对、期刊印刷、书刊发行等环节上的各种业务知识，能自觉地按照学科编辑的运行规律、基本要求开展编辑工作。

（三）学科编辑在能力结构方面要达到全能化

学科编辑不仅要掌握本学科各方面的专业知识，还要对编辑这一行业的业务知识，对各个时期及各阶段出版工作的要求和精神烂熟于心，具有较强的处理编辑业务的各种能力。

第一，学科编辑须具备较高的政治理论素养，时刻关注并及时掌握党和国家关于教育工作的方针、政策，并用以指导工作实践。

第二，学科编辑在编辑工作实践中要具有较高的审稿能力，能够准确地判断文稿的理论价值和实用价值，提出中肯的修改意见。无论是理科类学科编辑，还是文科类学科编辑，都要掌握语言文字应用方面的基本知识，规范字词的使用，还要熟练运用各种工具书，掌握数字用法、单位用法、图表设计等知识。

第三，学科编辑要具有较强的策划活动能力，善于同专家学者交流。学科编辑要根据刊物的特点选择适合刊物栏目定位的优秀作者，落实好编辑选题策划，密切联系作者，建立一批相对稳定的优秀作者队伍；要善于广交朋友，了解读者的阅读需求，及时听取他们对刊物内容的建议和要求；要善于站在学科的专业前沿，根据一线教师的教学需要或者学科的发展需要，策划有价值的选题，服务于一线教师。

提倡学科编辑向学者化的"一专多能"型方向发展，强调的是学科编辑在本学科专业方面具有较高的理论水平，向学者型方向发展。但这并不是说"学者化"的编辑应先在某一学科领域里成为学者后才能做编辑。而是说，学科编辑要在具有既"杂"又"博"的知识的同时，还要注重知识的"专"与"深"，这样学科编辑在编辑过程中就有能力胜任该学科某一专业文稿的编审工作，更可能成为这一学科专业的学者，从而成为学者化的"一专多能"型编辑。

二、"一专多能"的智能表现

科学认识论意义上的智能，主要是指一种正确认识、理解客观事物并运用自己的知识结构等解决实际问题的能力。智能结构必须有一定的知识结构，对于学科编辑来说，就要以编辑基础知识、学科专业知识作为支撑，它们之间相互融合才能构成一定的智能结构。学科编辑既有编辑所具有的共性，又具有特殊性，如本学科专业知识的结构体系等。学科编辑更强调对文稿内容的评价和选择的能力，对文稿内容科学实用价值的判断能力，以及在对文稿进行评价选择和判断过程中表现出来的科学思维能力，因而更加强调学科知识的"深"和"广"。学科编辑的"专"与"博"，具体表现在以下几个方面：

（一）对文稿内容的评价选择

教育期刊的学科栏目有别于其他综合期刊的栏目，带有较强的教育专业特点。在编辑工作中，学科编辑要根据刊物的栏目定位对文稿进行选择，根据刊物的专业特点有目的、有计划地进行选题策划和稿件组织。选题策划时就要体现学科编辑的把关能力，既要从学科的专业知识方面把关，又要创新性地选择并优化符合栏目要求的稿件。那些对学科理论和概念只进行简单描述、于专业知识的积累无益、与学科内容创新性的宗旨不符的文稿，理所当然不应在学科编辑的选择之列。因为教育期刊学科文章的生命力在于敏锐地捕捉新的教学理念，及时报道学科前沿的专业进展情况，这就要求教育期刊学科编辑具有一定的前瞻意识，主动翻阅专业书刊，时刻关注学科专业知识进展情况，整体把握该学科的发展动态，积极参加相关专业的学术会议，与该学科的一线教师、教研人员建立密切联系，优先选择该学科的权威人士撰写的稿件。各种信息广泛地存在于有关的专业书刊之中，存在于相关专业学术会议之中，所以从专业书刊和学术会议中，教育期刊学科编辑能获得很多优秀作者的信息，能知道读者喜欢哪些文章。

（二）对文稿内容科学实用价值的判断

学科教学论文的生命力还在于它的科学实用性，缺乏科学实用性的文章无益于信息的传播、知识的积累。从科学的内涵来看，学科教学论文必须有一定的科学价值才可以公开发表，其科学价值包括理论价值和实用价值。理论价值是指论文有助于学科理论的建设，对本学科的专业发展有指导作用，或者说这种理论在解释和完善已知的事实和认识、预见未知事实，以及指导未知认识方面有创新，尤其是对当前学科有关的前沿理论的探索有独特见解。这些论文提出的观点有其合理性，且其论证具有科学性，应是评价论文理论价值的重要依据。教学论文的实用价值在于为教育实践提供所需专业指导的同时，还要有利于提高课堂教学效率。此外，学科编辑在评价和选择稿件时，要敏锐地发现有可能对学科发展有重大影响的科学观点。对于这样的稿件，学科编辑不要拘泥于传统发稿方式，而要以最快的速度、最显著的版面位置集中反映其成果，这样才有利于使自己的刊物的影响力和质量处在同类刊物的前沿。还要说明的是，有些文章的实用价值是直接的、显现的，或是在短期内就能看到效果的，但有些理论性较强的文章，其实用价值是间接的、潜在的，并不能马上见到效果。对于此类文稿，在评价选择时，学科编辑就要全面评价、科学认识，对文稿进行多方面的审读，从而对文稿做出科学的评价和明智的选择。

（三）思维方法的调整

学科编辑在对文稿的认识过程中，要注意避免陷入编辑的思维定式。这种思维定式会导致编辑经常用有一定倾向性的固定思维决定如何取舍稿件，会影响稿件内容的新颖性和创造性。因此，学科编辑除了要培养自己良好的思维品质，还应积极调整发现真理、维护真理的思维方法，在科学评价及选择学科稿件的过程中，尤其要注意捕捉作者文稿中所表现出来的独特的创新思维方法。

三、"一专多能"应具备的素养

学科编辑作为教育期刊编辑活动的主体，其智能结构是能力、知识等多方面因素的综合。在编辑实践过程中，学科编辑只有不断地优化自身的智能结构，才能培养出本学科编辑工作所必备的各种素养，从而顺应自己的本职工作。编辑的素养亦称编辑原本应有的特征和能力，这些特征和能力在客观上形成了一个组合有序、相互关联的素养体系，具体来说，编辑的这一素养体系可分为核心素养、基本素养、特殊素养。学科编辑只有具备上述三个层次的素养，才有可能实现编辑过程中所反映出来的"一专"与"多能"的统一。

（一）核心素养

它是编辑工作中居于领导地位、发挥主导作用的素养，其中以宏观把握素养和创新求变素养最为重要，这两种素养是其他素养蜕变、扩展的发力点和支点。

所谓宏观把握素养，主要是指在编辑工作过程中，学科编辑对文稿的总体把握能力、综合判断能力。就数学学科领域的学术性、理论性而言，学科编辑准备组稿之前，必须对选题计划和文稿的总体框架设计做出基本判断，对每期的主题是什么、重点栏目是什么、文稿发表后预期效果如何等问题都要做到胸有成竹。只有具备了总体把握能力，才能设置合理的数学栏目框架，才能使编辑工作有计划、有序地进行，才能站在更高的角度去审稿、校稿，从而策划出高水平的选题或向作者组织优秀稿件，使数学编辑的其他知识和能力系统化，并以较短的时间掌握更多、更全面的专业知识。

创新求变素养是指在编辑工作中要发挥人的主观能动性，积极创新，主动求变。编辑工作是一种创造性的工作，它包括创造和再创造两方面：在栏目设计、制订编辑计划、选题策划等方面体现了创造性；在作者文稿基础上加工修改、优化文章结构、润色文章标题等方面体现了再创造性。由于创造性劳动贯穿于编辑工作的始终，创新求变素养就成为统领其他素养的主要素养。在编辑实践中，有的编辑经常能感觉到，尽管自己的编辑经验丰富，知识水平也不低，而且工作任劳任怨，可总是在编辑构思、选题策划、组稿落实、栏目设计等方面给人平淡的感觉，而有的编辑却能不断地有新想法、新见解、新思考，产生这两种完全不同情况的原因，主要是编辑的主体意识、创造欲望和创造性思维方面的差异。由此可见，编辑除了需要具有宏观把握素养外，还要有创新求变素养。

（二）基本素养

基本素养是教育期刊学科编辑普遍应具有的知识、技术和能力。教育期刊学科编辑的基本素养包含以下内容：

1.学科专业知识的理论素养

教育期刊学科编辑的专业能力是保证专业刊物质量的前提。编辑如果没有较强的专业理论知识，就不能准确把握文稿中的专业问题，更谈不上对文稿提出具体的修改意见和建议。对于数学学科编辑而言，如果不具备数学专业知识功底，就很难审阅一些有关数学基本理论方面的文稿和较深的数学探究性论文，更谈不上对文稿的加工提高。

2.编辑专业知识的理论素养

编辑工作也需要编辑学专业指导，编辑学是研究编辑基础理论、编辑实践管理的综合性学科，包括理论编辑学、编辑心理学等不同专业。这些专业从不同的角度，对编辑工作的原理和基本方法等进行了详细的概述，是指导编辑工作的基本工具。编辑学不仅为学科编辑提供理论和方法指导，还为发展和更新学科编辑的理论知识指明了方向。因此，学科编辑在实践工作中，只有遵循编辑理论的指导，努力把握编辑过程的规律性，才能编辑出高质量的文稿。

3.综合类知识的理论素养

学科编辑不仅要掌握本专业学科知识，还需具备和本专业知识相关的各分支学科的综合类专业知识。例如，数学学科编辑除必须具备数学专业知识外，还必须具备经济、逻辑，以及数学各分支学科的综合类专业知识，这是数学学科编辑工作本身的客观要求，是"专"而非"杂"。

（三）特殊素养

期刊是一种物态化的精神产品，期刊与图书等出版物既有共同性，又有很大差别，有各自的特殊性。例如，大部分的图书都是一次性出版的，而期刊一般是连续出版物，故而期刊的栏目设置、编辑形式都具有系统性、可变性。这些特点决定了教育期刊学科编辑必须具备一定的特殊素养。

1.艺术素养

学科编辑不仅要负责期刊栏目文稿的审阅、校对，还必须有较好的审美情趣、一定的美术设计基础和艺术鉴赏能力，才能使编辑工作与艺术设计统一起来，使期刊更具欣赏性，从而不断提高刊物的整体质量。例如，编辑在校对过程中，应从审美的角度，对每篇文章的字体选择、版式设计，甚至期刊每页行数、每行字数，以及图片位置都要精心组织、认真搭配，使刊物成为内容与艺术相统一的高质量精神产品。

2.技术素养

编辑技术素养主要体现在两方面，一方面是前期对文稿体例设计、结构安排等进行技术处理；另一方面是后期对文稿的布局、标题序级的区分、参考文献的编排、版式的确定、字号的选用、文稿校对、期刊付印等进行技术处理。如果编辑不具备这些技术素养，就可能会降低刊物的质量。

3.自我完善素养

专业文稿具有较强的专业性、导向性、预测性的特点。因此，学科编辑需要不断完善自己的专业知识，不断吸收新的知识营养，完善自己的知识结构，其主要途径如下：

第一，在编辑实践中，在审阅文稿前阅读有关的参考资料，完善、充实自己的知识库。

第二，结合在编辑文稿过程中遇到的问题，采取边学边问的方法进行学习和提高。

第三，在编辑工作中，不断总结编辑理论和方法，认真探索编辑工作规律，提高编辑工作能力。

第四，通过参加不同层次的专业学术研讨会，不断进行学术交流，虚心向专家学者学习，不断扩大自己的知识视野，完善自己的知识结构。

第三节　数字出版时代图书出版的特性
及对编辑能力和作用的新思考

中华文化源远流长，在几千年的文化传承中，阅读的本质始终没有改变，阅读的载体发生了改变，而改变的目的是让知识传递变得更简单。随着现代科技的快速发展，图书出版从最初的"铅与火"阶段到"光与电"阶段，发展到如今的"数与网"阶段。互联网技术的进步，让出版迈进了"数网融合"时代。展望"数与网"这一时期的发展历程，电子信息技术运用到图书出版行业之初，一种革新的显示技术——电子墨水屏幕被成功开发。20世纪以来，互联网技术快速普及，许多作者通过论坛、微博、微信公众号等平台在网络上分享并连载个人作品，形式多样、内容丰富。人们对电子设备使用频率的大幅提升造就了电子世界，其中就出现了包含数字图书出版在内的很多新兴产业。数字出版时代的图书出版，是以内容为基础，以互联网、电子信息技术等为技术支撑，由此产生以"内容+技术"为主要架构的图书出版，具有很强的跨学科属性，融合了技术、艺术等多种学科。数字图书出版相对于传统形式的图书出版更加完善，技术在商品层、运营商、运营方式、服务平台上得到了更深层次的运用。数字图书出版朝气蓬勃，为图书出版融合发展提供了必要条件。

一、数字出版时代图书出版的特性

（一）特殊性

图书出版行业在数字技术运用的初期就体现了其特殊性。成功的出版物不仅要有使用价值，还要有观赏价值。使用价值是出版物的首要价值，体现在承载和宣传上，出版物特有的介质和传播作用，便于读者获取信息。观赏价值即判断该出版物是否符合出版要求，能否找到恰当的艺术表现方式。出版物出版的前提是需要有承载价值的媒介，无论数字出版采用何种出版载体，采用何种形式出版发行，都需要运用数字技术来实现。2007年，亚马逊发布了第一代Kindle电子阅读器。该阅读器配置了6英寸的电子墨水屏，这一新的显示技术的应用，让读者获得了如同纸质图书一般的阅读体验。

随着移动智能终端操作系统、硬件配置的高速发展，移动设备进入功能性时代，之前在PC（Personal Computer，个人计算机）端的应用软件被微型移动设备（如手机、平板电脑）替代，在应用程序中，以最易让读者接受的方式给予读者以良好的阅读感受，与此同时也提升了阅读的便捷性。现阶段盛行的阅读软件，如帆书（原樊登读书）、掌阅、微信读书、QQ阅读等，在手机等移动智能终端都拥有较多的下载量。

（二）数字图书出版展现出复合性

在数字图书出版中，无论是图书出版的数字化还是数字化的图书出版，内容一定是其核心竞争力。内容自主创新的关键在于内容的展现形式。出版社将纸质书转为数字化图书，利用数字技术将数字化的图书传送到各种移动终端设备上，读者可以在线阅读或下载阅读电子书籍。编辑还能依据数字图书出版物的后台阅读数据进行自主创新，以全新角度思考出版物创作的主题，以恰当的艺术表现方式呈现给读者，这改变了传统纸质图书单一的呈现方式。纸质书作为只能依靠视觉感知的内容载体，受制于纸张的特殊性，只能通过装订成册的方式展现给读者，遵循传统的装订和排版，呈现给读者的内容是平面的，读者只能通过目录确定自己想阅读的章节。随着数字图书出版的出现，传统阅读被显示屏取代，编辑应从读者的阅读习惯和阅读的便捷性考虑，根据读者的多重感官设计电子图书，让读者获得更舒适的阅读体验。

数字出版与传统出版的区别在于，数字出版在阅读中更强调与读者的交互性，做到"易用、易懂、易记"。"易用"即利用移动设备显示屏的结构特征和技术，选用简洁、可读性强的界面，使读者在阅读时可以根据需要放大字体、切换页面，还可以针对某一具体情节，展开详细的描述（如点击关键字，跳转相应链接），方便读者使用。"易懂"即在最短的时间内让读者接受并理解，以动态形式或音频来展现书中的内容，根据硬件配置在移动设备的阅读平台插入视频、语音、二维码、超链接等内容，丰富读者的感官体验。"易记"即好的设计便于读者记忆，以恰当的表现方式呈现给读者，可以加深读者的记忆，这就要求出版物不仅要做到写"景"，更要做到写"情"。

二、数字出版时代对编辑能力和作用的新思考

（一）编辑的能力和作用

编辑能力是指编辑在与作者联络、策划选题方案、编辑处理文稿、装帧设计书籍、明确目标消费群体、预估书籍销量、编写图书宣传文案、制定营销策略等方面的能力。编辑若想建立自己的品牌，就必须有精益求精的"匠人精神"。一本书到正式出版，每一个阶段都需要编辑留下特有的印记。这类编辑工作可以成功地体现编辑对稿件整体方向的把握。同时，编辑还需要拥有观察社会发展和各行业协同发展的宏观视角，即"站得高，才能望得远"。编辑不仅要有对出版工作的热忱与担当，还要具备信息获取能力、行业动态捕捉能力，能够持续关注出版物的动态。什么样的书以何种方式出版发行，需要编辑拥有一双慧眼，才能准确地把握出版物的整体风格，结合社会热点，将好的出版物呈现给读者。

编辑非常重要的一个作用反映在图书选题方案的策划上。图书选题方案策划在整个编辑工作内容中占一定的比重，需要编辑把握方向和行业动态，用读者的眼光策划选题，站在市场角度评估风险，用数据说话，不跟风，认真确定选题。

如今，图书市场种类繁多，读者喜好广泛，编辑作为出版行业竞争中的主要参与者，应具备以下几个方面能力：

第一，信息捕捉能力，捕捉热点信息，紧跟时代。

第二，知识产权运营能力，如直播宣传图书等运营方式。

第三，产品闭环思维能力，持续关注已出版图书的信息动态，将总结的经验运用到下一本图书的出版中，形成高效的闭环工作。

第四，提问能力和学习能力，在学习中获取有用信息。

随着数字化技术的迅速普及，图书的出版周期与传统出版相比大大缩短，如何在短时间内保证出版内容的品质，考验的是编辑的能力。显而易见，仅借

助智能审校或黑马软件识别错误是远远不够的，编辑工作必须精雕细琢。这就需要编辑在工作中不断学习和积累，做到自省，总结编辑工作中遇到的问题和解决方案，提升个人的艺术品位和修养，这样才能在新时代持续创新并提升出版品质。

（二）编辑对数字出版行业的重要作用

随着知识传播载体的不断优化，从最早的龟甲、竹简到后来的纸张，再到现在的移动设备，技术的迅猛发展给出版物带来多元化的展现方式，也拓展了出版工作者的思维。据统计，美国电子图书的销量自 2011 年起，就一直呈直线上升趋势，越来越多的人开始习惯手机阅读。由此可见，电子阅读已被大众接受。

图书在出版之前，编辑通过审稿、加工，已经有了明确的出版方案，如该书的开本、装帧方式、纸张选择、成本控制、目标读者、定价、宣传推广方案、市场规模等。在实施方案的过程中，编辑需要就自己对装帧设计的构思，与作者、美术编辑沟通，交流设计思想，讨论适合出版物的最佳设计方式。例如，鲁迅先生不仅是一位作家，也是一位编辑大家，其亲自设计的《呐喊》《海燕》等书籍封面，被视为中国书籍装帧艺术史上的经典之作。因此，在数字出版时代，若想让出版物在出版市场上占有一席之地，编辑就要重视自身审美素养的培养，将自己对内容的理解有效地融入设计之中，增强出版物的感染力，将其设计成读者喜闻乐见的精神产品。

在图书出版发行过程中，若想图书被大众接受，成为畅销书，在很大程度上需要编辑参与营销策划。线上可以借助微信、抖音等平台宣传推广出版物，也可邀请作者到直播间，与读者在线互动；线下可以通过举办新书发布会或小型读书分享会宣传。这些营销方式都离不开编辑的协助。

只有内容和技术相互配合，出版行业才能高速发展。数字出版的出现提高了出版行业的出版效率，完善了出版环节。数字出版在内容、出版方式、营销策略、管理方法等层面都离不开互联网技术，数字出版必须借助互联网技术、移动互联技术、互联网媒体等开展与之相关的业务。因此，编辑应把握内容与技术之间的关系，充分将二者运用到出版实践中。

2019年8月21日，习近平总书记在甘肃考察期间，来到《读者》编辑部，指出要提倡多读书，建设书香社会，不断提升人民思想境界、增强人民精神力量，中华民族的精神世界就能更加厚重深邃。习近平总书记叮嘱大家："为人民提供更多优秀精神文化产品，善莫大焉。"出版工作要坚持以人民为中心的工作导向，为人民群众提供更加丰富、更加优质的出版产品和服务。因此，内容是出版的关键，技术的运用是现在及未来出版行业的必然趋势，技术始终服务于内容。

编辑必须学会利用技术创新内容，依据内容精准定位出版物。数字出版的出现，让读者能够有良好的阅读体验与互动，更方便读者获取知识，而且电子出版物可以大大节约出版成本，减少材料消耗。即使学界认为数字出版物不可能完全替代传统出版物，但其优点是客观存在的。在摆脱文字阅读的束缚后，数字化的出版物在形式上更加多元化，一些难以用文字表达的内容可以通过音频、视频、动画，甚至进入3D虚拟世界清楚地呈现给读者。触控技术使读者如同身临其境，实现出版物与读者之间的互动，使读者拥有美好的阅读感受。

编辑是出版过程的策划者，是连接出版市场的探索者，应依据数字出版各时期的发展情况，清楚地了解出版的整个脉络和方向，利用技术，恰到好处地展示出版内容，避免出现技术浪费。出版界能否取得重大成果，取决于出版创新。编辑要把握住内容这一核心，以更广阔的视野研究出版的各个环节，以新的发展战略推动新的出版实践。编辑应寻求出版行业与其他行业的跨界合作，扩大出版业的覆盖面，以实现社会效益与经济效益的双赢。

思想引领行动，专业认知推动实践，编辑能力的提升应时刻跟随出版行业的发展脚步。在内容与技术的结合中寻求新的出版方向，实现更高层次的发展，关键在于不断更新发展理念，将技术最大化地发挥出来，推动出版行业迈向高峰。总之，好的编辑可以成为出版社的灵魂和品牌，他们不仅能给出版社创造经济效益，更能给出版社创造良好的社会效益，是出版社的竞争利器。

第四节　融合出版形势下编辑能力与素养提升

出版业是专门从事出版活动，向公众提供出版物及其服务的行业。强调其公共属性时，可称其为出版事业；强调其产业属性时，可称其为出版产业。在我国发展历程中，出版业一度为国家方针、政策的普及做出了重要贡献，推动了民族文化的积累、民族文字的普及。在新媒体时代，传统出版、编辑方式适应性明显下降，亟须通过系统分析确定转型发展方向。

一、融合出版的概念和内容

（一）融合出版的概念

有的学者认为，融合出版是利用现代信息技术综合开发内容资源，以满足社会文化多元化需求的出版活动。

有的学者认为，融合出版是在新形势下，传统出版与新技术的结合，是满足读者和用户需求的一种创新形式。

还有的学者认为，融合出版是传统出版和新兴出版在内容、渠道、平台、经营、管理等方面深度融合，实现出版内容、技术应用、平台终端、人才队伍的共享，形成一体化的组织结构、传播体系和管理机制。

对于融合出版，目前学界较为一致的看法是：融合出版指在目前的信息时代背景下，融合了与出版相关的不同媒体形式的出版形式。

在大数据、"互联网+"等技术广泛应用的背景下，融合出版有多种表现形式，如学习平台、数字超链接等。融合出版应用在纸质教材上，一般是将微课视频、慕课链接、音频、动画等以二维码的形式添加在出版物上，读者通过扫描二维码获取数字资源，从而达到图文并茂、书屏合一的阅读效果。

（二）融合出版的内容

所谓融合出版，主要表现为科技融合、市场融合、渠道融合三个方面。

1.科技融合

出版物是典型的知识型产品，凝结了编辑、策划团队的智慧成果，从生产到接收、传播等环节，均需要载体、技术的支撑。传统出版物多以报纸、期刊等为载体，而如今的载体种类较为丰富。亚马逊Kindle是由亚马逊设计和销售的电子阅读器。第一代Kindle于2007年11月19日发布，并于2013年6月7日进入中国，用户可以通过无线网络使用亚马逊Kindle购买、下载和阅读电子书、报纸、杂志、博客等。此外，PC阅读端、手机阅读端功能不断强化，小型、轻量的阅读模式被广泛接受，突破了传统纸质媒介平面阅读、线性阅读的局限性，与读者多元化的阅读需求更加贴合。从传播环境上看，以局域网为代表的新技术，大幅提升了出版物获取速度，改变了以往租借、购买纸质书籍、资料的单一路径，超高速通信网络也表现出较为强势的发展劲头，为出版物传播环节注入新的活力，技术融合特征异常明显，对编辑群体学习、应用新技术的能力也提出了更高要求。

2.市场融合

在融合发展思维影响之下，"互联网+"模式受到了众多领域的青睐，使主体产业与下游客户之间的联系愈发紧密。例如，在旅游行业中，线上预约门票、玩法攻略共享等，都为客户群体的扩大创造了条件。对传统经营模式下的出版社来说，单一的"内容为王"思想曾在很长时间内占据主导地位，编辑群体主要关注自身文学、历史等素养，主张以高效、优质的出版产品稳固核心客户，提高品牌口碑，从而在出版行业中占据更多的市场份额。但在新时期，出版行业已经呈现出市场融合的趋势，在出版物发行前，利用微信公众号、微博等进行推广，已经成为众多出版企业、单位的普遍做法。此外，大数据技术的成熟，也为客户群体分析创造了条件，客户倾向、需求的捕捉难度降低。在"内容为王"的基础上，市场融合趋势也更加明显，出版业发展方向更加明确。

3.渠道融合

出版行业具有鲜明的专业性、知识性特征，编辑群体不光要在文字组织、运用上具备高、精、尖的能力，还需要对出版市场、社会发展等信息建立全局性认知，在此基础上整合规划、审读加工，从而形成完整的、高质量的出版产品。在旧有模式中，信息搜集、获取渠道较为闭塞，出版渠道也相对狭窄，受信息结构单一性制约，编辑对于观点信息的看法往往较为偏颇、片面等。而在融合发展趋势之下，多元化渠道畅通，线上、线下渠道整合，编辑可以从 PC 端、手机端各门户网站、应用程序中得到有益的信息素材，社会大众需求倾向也变得有迹可循，出版产品投放平台更是日趋多样，输入、输出渠道被进一步打通，为出版物质量的提升以及影响力的扩大奠定了扎实基础。

二、融合出版形势下编辑能力与素养提升的路径

（一）增强信息甄别能力

虽然互联网已渗透到出版行业的方方面面，正在改变着这个行业的某些规则，但内容仍是出版机构的核心竞争力。出版人不断寻找好的内容，组合好的内容，延伸优质内容，做成套系图书的观点不变。因此，如何在来源广泛、种类纷繁的信息库存中寻找真实、高质量的信息，成为新时期编辑群体所面临的主要问题之一。

首先，增强信息甄别能力是解决这一问题的关键所在，编辑群体应当严守政治底线，用高质量的思想道德成果武装自己，做好出版物的把关工作，宣传正能量、弘扬主旋律，为社会各界带来更多积极向上的知识产品。有些编辑为了博人眼球而抛弃编辑底线，做出违反职业道德的行为，这是不可取的。其次，编辑要广泛涉猎，除本领域知识外，也要对关联领域有充分的了解。如果编辑平时处于耳目闭塞、闭门造车的状态，看待问题时就很容易片面、偏激。因此，编辑平时要不断充实自己，增强信息甄别能力，客观、审慎地对信息进行甄别。

最后，当面临实际问题时，编辑应当秉持严谨认真的态度，对出版物进行深入思考、分析，在确保信息真实、可靠的基础上，再考察其出版价值，去除华而不实、哗众取宠的内容，为出版市场的健康发展贡献力量。

（二）创新市场营销手段

融合出版趋势具有全局性特点，影响范围波及出版流程中的所有主体，出版企业或单位不仅要适应新型数字出版形势，更要打通新型销售渠道，面对全新竞争对手。因此，综合"互联网+"模式，积极创新市场营销手段是十分必要的。

第一，编辑应当建立市场意识，明确刊物受众群体，在不断摸索中寻找适合该群体的阅读、出版方式，以此为依据优化自身编辑风格，增强图书、刊物核心竞争力。

第二，编辑要有意识地锻炼自己的市场分析能力，正视当前纸质出版物销量下滑的趋势，积极探索新的发展路径，密切关注出版市场状态，在分析市场发展趋势的基础上，对出版进度、方式等进行调整，增强营销互动性。同时，由于当前营销渠道被全面打通，信息扩散速度极快，出版社投放的信息很容易被淹没，编辑应当对其中规律有所感知，掌握精准投放的诀窍，最大限度发挥营销作用。

第三，作为市场参与主体，出版企业或单位有义务、有责任对市场秩序进行监督。当前，受互联网的影响，出版侵权问题日益增多，网络版权纠纷不断，编辑应当树立版权意识，了解相关法律法规，严禁发生侵犯作者权利的事件。

（三）掌握融媒体技术

融合发展思维是立足于整个出版行业的，涵盖了信息搜集、生产、营销等各个环节，技术性是其最为显著的特征。因此，从编辑能力与素养角度考虑，掌握融媒体技术是非常重要的。如今，电子书已成为最重要的数字出版代表。尽管从短期来看，其完全取代纸质图书、刊物的可能性并不大，但其优势是始终客观存在的。例如，电子书打破了纸质出版物中文字、图片等元素的限制，表现张力大幅增强，部分电子读物中甚至包含视频技术，支持屏幕触控，交互性极强。为更好地适应时代发展需求，编辑必须用融合发展思维武装自己，树立与时俱进的终身学习意识，积极关注出版行业新动态，参加出版业数字博览会、讲座等，深入把握融合出版形势下各要素的特征，构建复合型的能力素养结构。

第一，可以从大数据技术入手，借助功能齐备、人性化特征明显的搜索、推荐系统，在一定范围内，合法、合理地收集用户基本信息、购买行为等要素，就其阅读倾向、爱好构建起用户画像，了解用户感兴趣的内容，方便后期定向推荐、精准投放。编辑工作者可利用大数据技术实现更多相关信息的收集与整理。信息技术革命与经济社会活动的交融催生了大数据，大数据是社会经济、现实世界、管理决策等的片段记录，蕴含着碎片化信息。随着分析技术与计算技术的突破，解读这些碎片化信息成为可能，这使大数据成为一项新的高新技术、一类新的科研范式、一种新的决策方式。大数据是指数量特别巨大、种类繁多、增长极快、价值稀疏的复杂数据，简而言之，是"大而复杂"的数据集，它深刻改变了人类的思维方式和生产生活方式，给管理创新、产业发展、科学发现等多个领域带来前所未有的机遇。大数据技术是新媒体时代发展的必然产物，同时也是新媒体技术发展过程中的衍生物，是新媒体技术的重要组成部分。现如今，在网络技术高度发达的时代，我国的编辑工作者也需要进一步提升自身的网络技术运用能力，将大数据技术应用于基础资料的收集当中，从而掌握更多的知识信息，为编辑工作提供一定的支持。

第二，要关注多媒体技术的应用。当前我国人均受教育水平上升，民众对于出版物的要求已经不再停留在知识充实性层面，逐渐对美观性、视觉体验等提出更高要求。因此，编辑要通过科学的视觉设计，糅合多元化展示手段，提升用户使用体验。

第三，要关注编辑基本素养。如今，随着电子信息技术的快速发展，我国已经进入网络化时代、数字化时代，在此时代背景下，移动终端设备应运而生。

其中，手机已经成为我国社会现代居民日常工作与生活必不可少的物品，其不仅可以为我国社会现代居民提供休闲娱乐，还能够便于社会现代居民利用网络浏览新闻事件、刊物等。因此，我国的编辑工作者需要抓住机遇，利用移动终端设备提升出版作品的传播范围与传播效果，可借助虚拟现实技术在刊物中穿插动态化的效果展示，让读者更直观地了解相关知识与内容。笔者认为，编辑工作者应勤积累、多学习，增强自身的文字组织能力和逻辑能力，让现代化出版技术有落脚之地。

出版行业与媒体的融合发展是实现出版行业与媒体整合的重要手段，可采用构建媒体的出版平台，利用媒体平台传播信息资源，从而提升信息资源的传播效率与传播范围，进而更好地推动出版行业的快速发展。就目前情况而言，相比于其他领域，出版行业与媒体的融合程度相差甚远，这就使得出版刊物的传播效率不高，传播范围无法满足出版刊物媒体发展的需求，同时，虽然部分出版企业意识到了紧跟社会时代发展步伐的重要性，利用媒体建立了出版刊物的网络平台，但普遍以网站、网页为主，且技术水平相对落后，对网络的管理能力较差，导致发展效果不佳，难以打破出版刊物在移动互联网时代下的僵局。因此，我国的出版行业若想实现多渠道融合，就必须对出版刊物与媒体的融合进行创新与优化。

一方面，出版企业需要构建自身的媒体矩阵，构建一个属于自身的、独特的媒体传播途径，且该途径需要贯穿出版刊物传播的全流程，并且能够实现线上刊物传播与线下刊物传播的协同发展，以满足广大读者对出版刊物的阅读需求。例如，出版企业可利用微博、微信公众号等客户端构建立体化的传播途径，实现出版刊物的数字化、网络化发展，当出版刊物更新之后，可利用微博、微信公众号等客户端向用户推送更新的信息，简要介绍刊物的主要内容，促使有阅读兴趣的读者能够及时掌握刊物的更新信息，从而使出版刊物媒体传播途径复合化、立体化。

另一方面，出版企业需要构建出版刊物与外部的媒体合作机制，向新媒体的方向不断靠拢，借助自身内容上的优势，促使传统媒体与新型媒体之间实现

"1+1＞2"的效果。

（四）树立知识服务意识

出版业属于第三产业，在具备知识性、文化性特征的同时，也具备服务属性。因此，编辑群体还应着重培养服务意识，从读者需求出发，不断优化服务水平。

一方面，当前读者对于阅读载体的需求呈现出多样化趋势，编辑在出版环节应当考虑这一因素，在多渠道推广出版物，同时特别关注移动端碎片化阅读趋势，用精练的语言整合、组织读物内容，体现出版物人性化特征。

另一方面，编辑要重点提升出版服务的交互性水平。例如，推出线上查询系统，支持关键词检索，组织开展在线试读、读后感评选等活动，让读者获得更好的体验感。同时，编辑还可以开发新型服务产品，如人卫临床助手，是人民卫生出版社旗下临床决策辅助系统的应用客户端，汇集了国内各层级医院的典型病例和临床决策分析过程，并以临床诊疗指南、专家共识、人卫精品学术专著为内容资源，建立临床决策知识框架，辅助临床医生做出符合现实场景的临床决策，提高医生的决策能力。

（五）提升政治素养

学习是编辑工作者的毕生任务，编辑工作者需要不断学习新知识、新技能，才能够提升自身的编辑能力。就目前情况而言，随着我国社会经济与社会科技的高速发展，我国的信息化技术水平不断提升，越来越多的高新技术涌入国内市场，与此同时，知识更新周期大幅度缩短，在此时代背景下，我国的编辑工作者更应该走在时代的前沿，在知识水平、政治素养、业务本领等方面严格要求自己。现代编辑工作者不仅需要具备扎实的基本文化功底，还需要具有较强的政治素养，这是因为编辑工作者不仅是通过知识推动社会发展的重要力量，同时也是引导知识传播效率与方向的关键力量。因此，当代编辑工作者必须紧跟党发展的步伐，提升自身的政治素养，进而促使出版产品符合国家及社会发展的需求，更好地引导读者。

一方面，编辑工作者需要认清自身的政治责任，树立正确的人生观、世界观与价值观。编辑工作者需要明确自身定位，知道自己不仅是知识的传播者，是向广大人民群众传递新知识、新技术、新方法的传播者，而且是引导广大人民群众强化自身知识水平的重要力量。因此，编辑工作者需要树立为人民服务、为社会服务的服务意识。

另一方面，编辑工作者在积极学习媒体融合的新知识的同时，也要学习、掌握最新的政策。身处这样一个知识爆炸的时代，编辑工作者既要完成繁忙的工作，又要不断学习，为自己"充电"。一个编辑工作者要想在激烈的竞争中脱颖而出，就要积极学习，顺应时代步伐，这是很重要的。

综上所述，在互联网进程深化的背景下，融合出版已经成为不可逆转的趋势，编辑群体应当正确定位自身角色，积极优化自身能力素养结构，建立融合发展思维，增强信息甄别能力，通过大数据挖掘技术，更好地掌握受众需求、购买行为，为精准、高效的互动式营销奠定基础，提升出版产品的核心竞争能力，在新形势下赢取发展先机，实现职业追求。

参 考 文 献

[1]董拯民.浅谈"匠人精神"在数字化时代图书编辑工作中的作用[J].视听，2015（07）：144-145.

[2]廖廷娟.编辑在图书出版中的作用[J].出版参考，2019（09）：62-63.

[3]郭海雷.浅析融合出版背景下编辑职业转型的路径选择[J].编辑学刊，2019（01）：73-77.

[4]靳青万."编辑五体"与编辑学学科边界：兼论编辑学高等教育问题[J].陕西师范大学学报（哲学社会科学版），2011，40（06）：142-149.

[5]欧阳明，崔颖.我国编辑学教科书的出版现状与改进[J].郑州轻工业学院学报（社会科学版），2011，12（01）：21-26.

[6]徐娟，周秀芳，郑宇印.策划编辑在科技图书出版中的地位和作用分析[J].编辑之友，2010（S1）：33-34.

[7]靳青万.编辑活动论[J].编辑之友，2009（11）：76-79.

[8]靳青万."编辑五体"论[J].漳州师范学院学报（哲学社会科学版），2008，22（04）：176-180.

[9]李频.编辑活动的文化形态与编辑历史的文化观照：评靳青万著《中国古代编辑史论稿》[J].编辑之友，1993（04）：66-67.

[10]贺畅.探析编辑在图书出版中的作用[J].出版参考，2013（31）：26.

[11]王振铎，朱燕萍.普通编辑学理论体系的雏形[J].出版科学，2002（02）：15-18.

[12]王振铎.编辑学的学科建设与专业发展[J].出版发行研究，2002（03）：35-39.

[13]吴道弘.编辑实践与编辑学思考[M].长春：东北师范大学出版社，2004.

[14]吴平，芦珊珊.编辑学原理[M].武汉：武汉大学出版社，2011.

[15]伍杰.编辑理论与实践[M].哈尔滨：黑龙江教育出版社，1988.

[16]俞润生.实用编辑学概要[M].天津：天津人民出版社，1987.

[17]朱胜龙.现代图书编辑学概论[M].苏州：苏州大学出版社，2013.

[18]张俊.论新时代编辑在出版融合发展中的地位与作用[J].编辑学刊，2018（06）：87-92.

[19]章宏伟. 中国古代编辑发展历程（上）[J]. 编辑之友，1996（05）：60-64.

[20]章宏伟. 中国古代编辑发展历程（下）[J]. 编辑之友，1996（06）：59-64.

[21]赵志立.编辑学基本原理[M].成都：四川大学出版社，1994.

[22]周国清.编辑学导论[M].长沙：湖南师范大学出版社，2008.